企业级卓越人才培养解决方案"十三五"规划教材

网店美工项目实战

天津滨海迅腾科技集团有限公司　主编

南开大学出版社

天　津

图书在版编目(CIP)数据

网店美工项目实战/天津滨海迅腾科技集团有限公
司主编. —天津：南开大学出版社，2018.7(2025.7 重印)
　ISBN 978-7-310-05618-7

Ⅰ.①网… Ⅱ.①天… Ⅲ.①网店－设计 Ⅳ.
①TP713.361.2

中国版本图书馆 CIP 数据核字(2018) 第 132000 号

主　编　刘文娟　樊　凡
副主编　尹立云　宋　凯　孔芳菲
　　　　周圣霞　胡文娜　陈　潇

网店美工项目实战
WANGDIAN MEIGONG XIANGMU SHIZHAN

南开大学出版社出版发行
出版人：王　康
地址：天津市南开区卫津路 94 号　　邮政编码：300071
营销部电话：(022)23508339　营销部传真：(022)23508542
https://nkup.nankai.edu.cn

河北文曲印刷有限公司印刷　　全国各地新华书店经销
2018 年 7 月第 1 版　　2025 年 7 月第 7 次印刷
260×185 毫米　16 开本　12.5 印张　311 千字
定价：59.00 元

如遇图书印装质量问题，请与本社营销部联系调换，电话：(022)23508339

企业级卓越人才培养解决方案"十三五"规划教材
编写委员会

陈章侠　德州职业技术学院
郑开阳　枣庄职业学院
张洪忠　临沂职业学院
常中华　青岛职业技术学院
刘月红　晋中职业技术学院
赵　娟　山西旅游职业学院
陈　炯　山西职业技术学院
陈怀玉　山西经贸职业学院
范文涵　山西财贸职业技术学院
郭长庚　许昌职业技术学院
许国强　湖南有色金属职业技术学院
孙　刚　南京信息职业技术学院
张雅珍　陕西工商职业学院
王国强　甘肃交通职业技术学院
周仲文　四川广播电视大学
杨志超　四川华新现代职业学院
董新民　安徽国际商务职业学院
谭维奇　安庆职业技术学院
张　燕　南开大学出版社

企业级卓越人才培养解决方案简介

企业级卓越人才培养解决方案（以下简称"解决方案"）是面向我国职业教育量身定制的应用型、技术技能型人才培养解决方案，以教育部 - 滨海迅腾科技集团产学合作协同育人项目为依托，依靠集团研发实力，联合国内职业教育领域相关政策研究机构、行业、企业、职业院校共同研究与实践的科研成果。本解决方案坚持"创新校企融合协同育人，推进校企合作模式改革"的宗旨，消化吸收德国"双元制"应用型人才培养模式，深入践行"基于工作过程"的技术技能型人才培养，设立工程实践创新培养的企业化培养解决方案。在服务国家战略，京津冀教育协同发展、中国制造 2025（工业信息化）等领域培养不同层次的技术技能人才，为推进我国实现教育现代化发挥积极作用。

该解决方案由"初、中、高级工程师"三个阶段构成，包含技术技能人才培养方案、专业教程、课程标准、数字资源包（标准课程包、企业项目包）、考评体系、认证体系、教学管理体系、就业管理体系等于一体。采用校企融合、产学融合、师资融合的模式在高校内共建大数据学院、虚拟现实技术学院、电子商务学院、艺术设计学院、互联网学院、软件学院、智慧物流学院、智能制造学院、工程师培养基地的方式，开展"卓越工程师培养计划"，开设系列"卓越工程师班"，"将企业人才需求标准、工作流程、研发项目、考评体系、一线工程师、准职业人才培养体系、企业管理体系引进课堂"，充分发挥校企双方特长，推动校企、校际合作，促进区域优质资源共建共享，实现卓越人才培养目标，达到企业人才培养及招录的标准。本解决方案已在全国近几十所高校开始实施，目前已形成企业、高校、学生三方共赢格局。未来三年将在 100 所以上高校实施，实现每年培养学生规模达到五万人以上。

天津滨海迅腾科技集团有限公司创建于 2008 年，是以 IT 产业为主导的高科技企业集团。集团业务范围已覆盖信息化集成、软件研发、职业教育、电子商务、互联网服务、生物科技、健康产业、日化产业等。集团以产业为背景，与高校共同开展产教融合、校企合作，培养了一批批互联网行业应用型技术人才，并吸纳大批毕业生加入集团，打造了以博士、硕士、企业一线工程师为主导的科研团队。集团先后荣获：天津市"五一"劳动奖状先进集体，天津市政府授予"AAA"级劳动关系和谐企业，天津市"文明单位"，天津市"工人先锋号"，天津市"青年文明号""功勋企业""科技小巨人企业""高科技型领军企业"等近百项荣誉。

前　言

　　网店美工的主要职责是装修设计网上店铺。现如今人们对网店的关注已不再是单纯追求低价而是更加注重网店的产品质量、品牌形象以及视觉体验。因此视觉设计在网店中的应用逐渐加强，成为卖家吸引新客户、稳定老客户的重要选择。

　　本书主要介绍淘宝网店美工行业发展的前景，作为一名优秀的淘宝网店美工需要具备哪些职业技能以及在实际操作中所需要掌握的设计技巧。本书的编写目的是让读者能够将理论与实践完美结合，从而设计出美观的店面。

　　本书由六个项目组成，分别为"淘宝女装店铺首页设计""淘宝食品店铺首页设计""淘宝护肤品店铺首页设计""淘宝婴幼儿玩具店铺首页设计""淘宝瓷器店铺宝贝详情页设计""淘宝运动鞋店铺手机端首页设计"。内容从电子商务概述、网店美工人才要求、网店美工设计制作流程、网店界面基本构图技巧到淘宝网店设计原则及淘宝店铺装修技巧，详尽地叙述了淘宝网店美工需要具备的理论知识及职业技能。通过本书的学习，读者可以利用 Photoshop 软件制作出各种风格的淘宝店铺 PC 端界面、产品详情页界面和手机端界面等。

　　本书的每个项目设有学习目标、学习路径、任务描述、任务技能、任务实施、任务总结和任务拓展，可以将所学的理论知识充分地应用到实战当中。书中的六个项目都是淘宝店铺销量份额所占比重较大的六种类型店铺，实用性较强。

　　本书由刘文娟、樊凡任主编，尹立云、宋凯、孔芳菲、周圣霞、胡文娜、陈潇任副主编，尹立云、宋凯负责统稿，尹立云、孔芳菲、刘文娟、陈潇负责全面内容的规划，胡文娜、陈潇负责整体内容编排。具体分工如下：项目一和项目二由尹立云、宋凯共同编写，尹立云负责全面规划；项目三和项目四由孔芳菲、刘文娟、周圣霞编写，孔芳菲、刘文娟负责全面规划；项目五和项目六由胡文娜、陈潇编写，陈潇负责规划。

　　全书理论内容简明扼要、通俗易懂、即学即用；实例操作讲解细致，步骤清晰。在本书中，操作步骤后有相对应的效果图，便于读者直观、清晰地看到操作效果，牢记书中的操作步骤。通过对本书的学习，读者能熟练设计各种网站界面，成为职场中的佼佼者。

天津滨海迅腾科技集团有限公司

技术研发部

目　　录

项目一　淘宝女装店铺首页设计

电子商务是凌架于互联网系统上的一个销售平台,是地面销售系统的一种延伸和互补,也是商家和顾客的一种有效的沟通途径。现今国内通过不同程序实现网上销售的企业或厂商约占 78%,剩下的 22% 左右的企业和厂商,都在努力创造着网上销售的地面物质准备。鉴于电子商务在互联网的发展前景,实现网上销售,已经成为未来商场战争中占有优势地位的必不可少的手段。通过实现女装店铺首页设计,学习淘宝店铺设计相关知识,了解电子商务的发展、淘宝网店美工人才要求和行业趋势。在任务实现过程中:

- 了解电子商务的定义。
- 了解淘宝网站相关知识。
- 掌握淘宝网店设计原则。

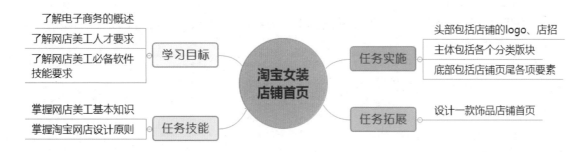

【情境导入】

随着现代经济的发展和互联网技术的不断完善,传统的服装营销模式已经不能满足新生代的主力消费群体需求。服装电子商务开始作为一种新的营销方式和理念发展迅速,并逐渐被广大消费群体所接受。如今,其发展势头异常强劲,正在给人们的消费习惯带来深刻的影响。当前服装产品流行周期短,款式和品种多变。整个消费市场正需要一种能满足不同层次消费者个性化需求的多品种小批量产品的供应方式,这就使得服装电子商务的迅猛发展成为必然。

而淘宝网作为服装类电子商务行业的老大,是国内 B2C 及 C2C 电子商务网站中发展最快、最为成功的案例,以提供具有本土特色的电子商务平台服务为宗旨,并一直不断完善和发展。其在中国的 C2C 市场中可谓是一家独大,市场份额更是超过了 90%,行业中领先的地位暂时是无人能撼动的。目前,服装服饰类产品已经成为网络零售的第一大商品,无论从数量还是交易规模上都是如此。单是淘宝网上初具规模的卖家群体皇冠店铺就已达上万家之多,并且仍保持着快速增长的态势。 本次任务主要是实现淘宝女装店铺首页设计。

【功能描述】

- 使用淘宝布局要素来设计女装店铺首页。
- 头部包括店铺的 logo、宣传标语、购物车、账户登录及客户中心的图标。
- 主体包括各个分类版块下的图片链接。
- 底部包括店铺的各项服务链接、搜索框及返回首页和顶部的按钮。

【基本框架】

基本框架如图 1.3.1 所示。通过本次任务的学习,能将框架图 1.3.1 转换成效果图 1.3.2 所示。

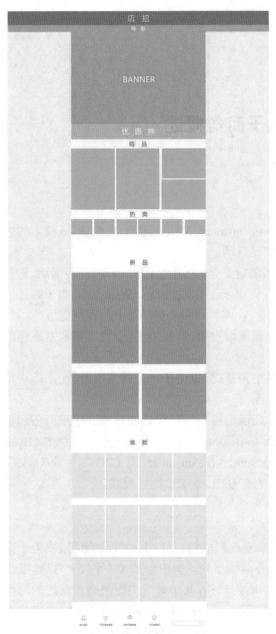

图 1.3.1

图 1.3.2

技能点 1　电子商务概述

1　电子商务的定义

广义上讲,电子商务一词源自于英文 Electronic business,是指利用简单、快捷、低成本的方式,在买卖双方不谋面的情况下,所进行的商务贸易活动。

联合国国际贸易程序简化工作组对电子商务的定义是:采用电子形式开展商务活动,它包括在供应商、客户、政府及其他参与方之间通过任何电子工具,如 EDI、Web 技术、电子邮件等共享非结构化商务信息,并管理和完成在商务活动、管理活动和消费活动中的各种交易。

电子商务是利用计算机技术、网络技术和远程通信技术,实现电子化、数字化和网络化的整个商务过程。

电子商务是以商务活动为主体,以计算机网络为基础,以电子化方式为手段,在法律许可范围内所进行的商务活动过程。

电子商务是运用数字信息技术,对企业的各项活动进行持续优化的过程。电子商务涵盖的范围很广,一般可分为企业对企业(Business-to-Business,即 B2B)、企业对消费者(Business-to-Consumer,即 B2C)、个人对消费者(Consumer-to-Consumer,即 C2C)、企业对政府(Business-to-Government)等 4 种模式,其中主要的有 B2B 和 B2C 两种模式。

2　淘宝网简述

伴随着互联网技术的迅猛发展,消费者的消费观逐渐成熟,到网上进行购物慢慢成为千家万户购物的重要选择。随之涌现的一些电子商务购物平台,如淘宝网、京东网、1 号店、唯品会、小红书、拼多多等也逐渐地成为大部分网民的购物选择,其中最受中国消费者欢迎的网购零售平台当属淘宝网。作为亚太地区最大的网络零售、商圈,淘宝网拥有近 5 亿的注册用户数,每天有超过 6000 万的固定访客,同时每天的在线商品数已经超过了 8 亿件,平均每分钟售出 4.8 万件商品。

淘宝网成立于 2003 年 5 月 10 日,由阿里巴巴集团投资创办。淘宝网分为淘宝 C 店和淘宝商城 2 种模式。淘宝 C 店是淘宝集市卖家所开设的店铺,这种店铺的门槛低,任何通过实名认证的人,只要发布 10 件宝贝就可以免费在淘宝上开店。淘宝商城(天猫)是亚洲最大的购物网站淘宝网打造的在线 B2C 购物平台,自 2008 年 4 月 10 日成立以来,吸引了 Kappa、JackJones、苏泊尔、联想、惠普等在淘宝商城开设官方旗舰店,受到了消费者的热烈欢迎。淘宝商城的门槛较高,必须是生产企业或者持有品牌授权书的公司才可以申请,需要交纳保证金 10000 元、技术服务费 6000 元 / 年以及实时划扣技术服务费。

淘宝网在很大程度上改变了传统的生产方式,也正在改变着人们的生活消费观念。不做冤大头、崇尚时尚和个性、开放擅于交流的心态及理性的思维,成为淘宝网上崛起的"淘一代"的重要特征。在"大众创业、万众创新"未来中国经济提质增效升级的"新引擎"大背景,"互联网 +"的发展趋势下,电子商务的发展势必作为一个新的领头羊,将超越以往蛮荒生长的所有时期。淘宝网坐拥 5 亿用户,年交易额过万亿,当之无愧全球最大的电子商务平台之一,仅 2016 年"双十一"成交额就高达 912.17 亿元。

从 1994 年国家获准加入互联网到今天才二十多年,淘宝网 2003 年到今天也才区区十几年发展,从历史发展的以往经验来看,还没有任何一个行业像今天互联网一样发展得如此之快,影响如此之深。从事一个飞速发展的行业,前景不言而喻。巨大的市场使得淘宝商家必须提高自己网店的品牌形象设计,优化页面,才能使得买家愿意购买。淘宝店和实体店面一样,都需要装修。一个清新美观、富有吸引力的旺铺能够吸引更多的买家前来购物,提升销售额,网店的迅速发展还催生出网店美工这样的职业。和传统实体店面的装修不同,不需要购买很多的建筑材料,网店的装修只需要具备网页设计和图片处理的相关知识就能设计出精美的网店。

技能点 2　网店美工人才要求

随着"互联网 +"的推进,电子商务成大众创业创新引擎。电子商务企业数量呈现大幅增长,同时越来越多的传统企业发展电子商务业务,网店竞争日益激烈,企业对网店美工人才要求越来越高。

网店美工岗位的工作范围包括网店美工设计、网店装修色系与产品色系的美学解构、网店全面装修、产品图片处理、广告促销图片、产品描述图片处理,等等。当今市场需要网店美工岗位的企业主要分为三类。第一类是电子商务类企业,网店美工岗位要求专业以电子商务 / 市场营销类专业为主,除了具备一定的美工技能,更突出要求具有电商知识,熟悉网络消费者需求。第二类是互联网技术类企业,网店美工岗位要求专业以计算机类专业为主,要求技术的全面性,能够掌握常用设计制作软件。第三类是传统行业企业,网店美工岗位要求平面设计类专业为主,要求有深厚的美术功底和设计理念,除了负责线上网店的网店美工,往往还要兼职线下企业宣传海报的设计等。通过调查分析,互联网技术类企业重视技术,传统行业企业重视设计,电子商务类企业重视对电商知识的掌握。

技能点 3　网店美工基本知识

1　分辨率

分辨率有两种:屏幕分辨率和图像分辨率。

屏幕分辨率指显示器所能显示的像素有多少。显示的像素越多,画面就越精细,信息也越多。例如,将电脑显示器的分辨率设置成 1280 像素 ×1024 像素,说明电脑屏幕在水平和垂直方向是由多少像素点组成,屏幕在水平方向有 1280 个像素点,垂直方向上有 1024 个像素点。

2　像素

图像由一个个点组成,这个点叫作像素。像素是图像中最小的单位。每个像素是一个小点,不同颜色的点(像素)聚集起来就变成一幅动人的画面。可以在 Photoshop 软件中打开一张图片,将图片放大 300 倍,就可以发现,它是由很多小方格色块排列组成的,这就是一个像素,如图 1.4.1 所示。

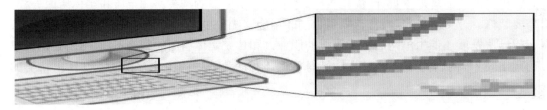

图 1.4.1

3　尺寸

图像尺寸的长度和宽度经常以毫米或厘米为单位,也通常以像素为单位。在做印刷设计的时候,在 Photoshop 软件中新建文件时,可以选择毫米或厘米为尺寸单位。在美工设计中,长度和宽度尺寸经常以像素为单位。

4　常用图片文件格式

图片格式是计算机存储图片的格式,常见的存储格式有 jpg、png、gif、psd、ai 等。每一款工具软件都会支持输出不同的图片格式选项,满足用户的工作需求。在 Photoshop 软件中,执行【文件】→【存储为】菜单命令,弹出来选项面板,能保存为二十多种图片格式。

技能点 4　网店美工必备软件技能要求

1　Photoshop 软件

美工设计最常用的工具就是 Photoshop 软件,简称 Ps。它是由美国 Adobe 公司开发和发行的图像处理软件,功能非常强大,主要应用在处理像素构成的数字图像,同时也是本书重点讲解的内容。截止目前,Adobe Photoshop CC 是市场上最新的版本,支持 Windows 操作系统和 Mac OS 系统操作。Photoshop 正版软件的购买需要到 Adobe 中国官网在线付费下载使用。本书提供的所有项目都是使用 Photoshop CC 2015 版本完成。

2　Dreamweaver 软件

Dreamweaver 又称为 Dw 软件,现在也是 Adobe 公司旗下的一款软件,最新版本是 Adobe Dreamweaver CC。它是集网页制作和管理网站于一身的所见即所得网页编辑软件。店铺装修时,想要页面呈现更多个性化内容、动图效果以及交互内容,那么就要通过代码来实现,而这些代码的编辑就要用 Dreamweaver 软件来完成。虽然美工设计不会用到复杂的 HTML、CSS 代码,但是最基础的表格的排版、链接的添加、尺寸数据的修改等内容都是必须掌握的。

3　Illustrator 软件

Illustrator 又称为 AI 软件,是 Adobe 公司推出的一款矢量图形制作软件,广泛应用在印刷出版、海报书籍排版、插画、多媒体图像处理和互联网页面的制作等。

技能点 5　淘宝网店设计原则

淘宝网店的创意与设计,其实与我们思考如何销售产品、如何打动顾客的做法是一致的,区别仅仅在于淘宝店铺的视觉效果特别依赖于图片和文字的设计和表现力,设计师在设计淘宝店铺时,应遵循以下几点原则:

1　界面布局要美观合理

淘宝网店设计的布局要美观,这一点不难理解——就像现实中我们所看到的一样,任何营销人员在拜访客户的时候都是衣冠整洁、文质彬彬的,这样让客户觉得特别受尊重。所以,淘宝网店界面的布局美观就是要从营销的角度出发,让我们的每一位访问者都能感受到店铺对他们的尊重和欢迎。

在版式布局的过程中应当运用色彩和层次等方式,自然而又清晰地罗列出一条视觉路线,引导用户浏览,无需用户自己费力梳理条理或者在密密麻麻的信息中搜索自己想要的信息。根据版块功能的不同,考虑的侧重点也不同,使用户有一种区块感。首先,界面布局十分有序,网格线排列整齐,区块划分清晰,按照功能划分,主次分明。其次,每个区块功能清晰,有搜索栏、导航栏、菜单栏等,位置清晰明确。再次,最重要的信息都在页面第一屏显示,用颜色和大小来划分区域。最后,相同信息保持位置的一致性,使用户无需对加载页面进行重新理解和认识。所以,无论操作功能如何多变用户都能够按照习惯找到自己想要的商品。

2　定位明确、主题突出

淘宝网店的设计类型总体可分为两类,即销售型店铺和品牌型店铺。更具体一点,就是店铺的设计定位要清晰。销售型店铺的界面设计,更多的是要突出商品带给浏览者的具体实惠有哪些、商品的特性有哪些、店家在价格方面的让利有多大、促销的时间有多长等具体的问题。品牌型店铺界面的设计要有别于销售型店铺,它更应该以品牌优势为主要设计点(如品牌的文化内涵、品牌的影响力、商品的质量等内容),而对于价格、促销等信息则给予弱化。

3 视觉统一性

淘宝网店设计的统一性主要是指店铺的设计风格应该保持统一,要么简洁,要么时尚,要么深沉,要么充满活力,每个类型的网站都要定义自己的网站主题,这样才能更好地设计网页内容,寻找相应素材。

通过下面的操作,实现图 1.3.2 所示的淘宝女装店铺首页界面的效果。

(1)打开 Photoshop 软件,单击【文件】→【新建】命令或按 Ctrl+N 快捷键,新建一个名为"淘宝女装店铺首页"的 RGB 模式,"宽度"和"高度"分别为 1920 像素和 4560 像素,"分辨率"为 72 像素 / 英寸、"背景内容"为"白色"的文件。如图 1.5.1 所示。

图 1.5.1

(2)新建一个文件夹组,命名为"店招"。执行快捷键 Ctrl+R,打开【标尺】,在画面两边各拉出一条距离左右边缘 465 像素的参考线(为了适应不同用户的显示屏尺寸,店铺的主要内容显示在画面居中一定像素的范围内,也就是两条参考线之间,天猫店铺是 990 像素宽度,淘宝店铺是 950 像素宽度),再拉出一条居中画面的参考线。在组内用【矩形工具】██创建宽度

1920 像素,高度 100 像素,填充颜色为 #feebeb 的矩形置于画面最上方,并且将图层命名为"矩形 1",如图 1.5.2 所示。

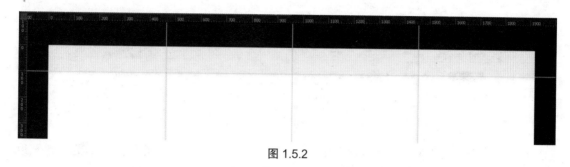

图 1.5.2

（3）置入素材"logo",将图层混合模式改为"正片叠底";在"店招"组内创建子文件夹组,命名为"文字",新建文字图层,键入文字内容,效果如图 1.5.3 所示。

图 1.5.3

（4）在"店招"组内创建子文件夹组,命名为"优惠券",用【矩形工具】■创建宽度 184 像素,高度 45 像素,填充颜色 #ee4240 的矩形;新建文字图层,键入文本内容;再用【直线工具】✏绘制一条白色分割线,效果如图 1.5.4 所示。

图 1.5.4

（5）在"店招"组内创建子文件夹组,命名为"标签",分别置入素材"购物车""用户""服务中心"和"搜索栏"于"优惠券"上方,并将图层混合模式全部改为"正片叠底";新建文字图层,键入搜索栏文本内容,效果如图 1.5.5 所示。

图 1.5.5

（6）新建一个文件夹组，命名为"导航"，在距画面顶部 150 像素的位置拉出一条参考线，在参考线上方用【形状工具】和文字工具制作店铺导航，效果如图 1.5.6 所示。

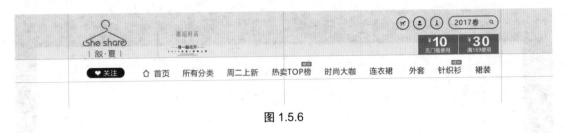

图 1.5.6

（7）新建一个文件夹组，命名为"banner"，在导航参考线下方用【矩形工具】创建宽度 1920 像素，高度 648 像素的矩形，效果如图 1.5.7 所示。

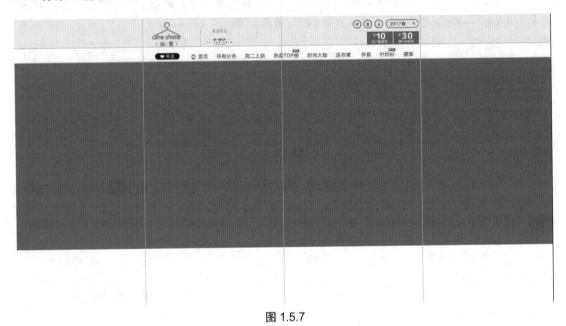

图 1.5.7

（8）置入素材"背景"，选择该图层点击鼠标右键执行【创建剪贴蒙版】命令，效果如图 1.5.8 所示。

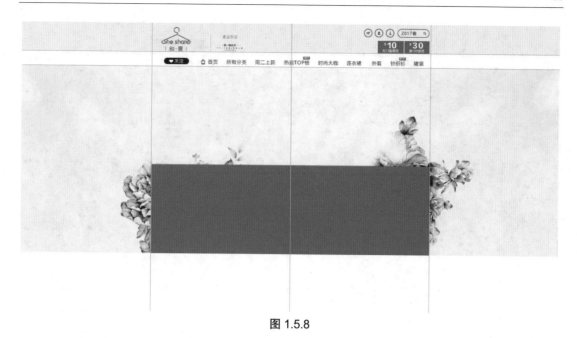

图 1.5.8

（9）置入素材"花簇 1""花簇 2"，将图层混合模式全部改为"变暗"，并将图层不透明度都调整为 15%，效果如图 1.5.9 所示。

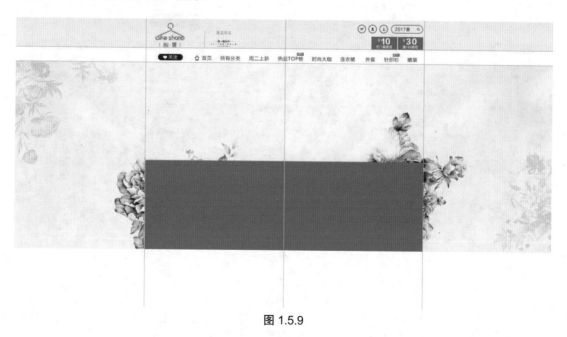

图 1.5.9

（10）在 banner 底部用【矩形工具】■创建宽度 990 像素，高度 312 像素，填充颜色 #cde-aee 的矩形，然后和画面居中对齐，效果如图 1.5.10 所示。

图 1.5.10

（11）置入素材"椅子"，并将图层不透明度调整为 50%，效果如图 1.5.11 所示。

图 1.5.11

（12）置入素材"模特 1"和"模特 2"，效果如图 1.5.12 所示。

图 1.5.12

（13）用文字工具和直线工具制作 banner 副标题，填充颜色 #a5ccd3，效果如图 1.5.13 所示。

图 1.5.13

（14）创建新的文字图层，键入英文文本段落作为装饰，填充颜色 #ffffff，效果如图 1.5.14 所示。

图 1.5.14

（15）创建新的文字图层，用大写字母键入 banner 英文主标题，填充颜色 #fceeaee，效果如图 1.5.15 所示。

图 1.5.15

（16）创建新的文字图层，键入 banner 中文主标题，填充颜色 #000000（在 banner 标题的制作过程中要注意主次标题之间的层次划分，可以用不同的文字大小及颜色加以区分），效果如图 1.5.16 所示。

图 1.5.16

（17）置入素材"花朵 1"和"花朵 2"，并将图层不透明度调整为 30%，效果如图 1.5.17 所示。

图 1.5.17

（18）置入素材"小鸟 1"和"蝴蝶"，并将图层不透明度调整为 50%，效果如图 1.5.18 所示。

图 1.5.18

（19）最后将素材"小鸟2"和"花朵3"置入到画面中，整个 banner 制作完成，效果如图 1.5.19 所示。

图 1.5.19

（20）新建一个文件夹组，命名为"优惠券"，用【矩形工具】▣创建宽度 990 像素，高度 106 像素，填充颜色 #ee4240 的矩形，将矩形与画面居中对齐，效果如图 1.5.20 所示。

图 1.5.20

（21）在"优惠券"文件夹组里创建子文件夹组，命名为"优惠券组 1"，用【矩形工具】▣创建宽度 210 像素，高度 106 像素，填充颜色 #642e45 的矩形，将矩形与左参考线对齐；用文字工具和形状工具创建"优惠券组 1"的内容，效果如图 1.5.21 所示。

图 1.5.21

（22）用文字工具和形状工具将剩余的"优惠券组2""优惠券组3""优惠券组4"制作完成，效果如图1.5.22所示。

图 1.5.22

（23）用【直线工具】绘制四条填充颜色 #ffffff 的分割线，如图1.5.23所示。

图 1.5.23

（24）置入素材"沙滩"和"粉色背景"于"优惠券"组下方，在"沙滩"图层上方用【矩形工具】创建宽度990像素，高度3648像素，填充颜色 #ffffff 的矩形，将其与画面居中对齐，顶部与优惠券底部对齐，效果如图1.5.24所示。

图 1.5.24

（25）新建一个文件夹组，命名为"精选推荐"，在组内用文字工具创建文本内容，如图1.5.25所示。

图 1.5.25

（26）在"精选推荐"文件夹组里创建子文件夹组，命名为"精选组1"，在组内用【矩形工具】■创建宽度320像素，高度438像素的矩形；将其与左参考线对齐，如图1.5.26所示。

图 1.5.26

（27）置入素材"女装1"于矩形上方，选择"女装1"图层，点击鼠标右键执行【创建剪贴蒙版】命令，如图1.5.27所示。

图 1.5.27

（28）用【矩形工具】■创建宽度262像素，高度66像素，填充颜色#ffffff的矩形，如

图 1.5.28 所示。

图 1.5.28

（29）用【矩形工具】创建宽度 252 像素, 高度 56 像素, 无填充, 描边颜色 #7e6b5a, 描边宽度"1 点"的矩形, 如图 1.5.29 所示。

图 1.5.29

（30）新建文字图层键入文本内容, 填充颜色 #ee4240, 如图 1.5.30 所示。

图 1.5.30

　　（31）依据上述方法,用形状工具和文字工具,将"精选组2""精选组3"和"精选组4"制作完成,如图1.5.31所示。

图 1.5.31

　　（32）同理将"热卖品类"版块制作完成,如图1.5.32所示。

图 1.5.32

（33）新建一个文件夹组，命名为"新品"，在此文件夹组内创建子文件夹组"标题"，置入素材"塔"，用文字工具和形状工具将标题制作完成，如图 1.5.33 所示。

图 1.5.33

（34）用【矩形工具】■创建一大一小两个矩形，分别置入素材"女装 7"和"女装 9"，并且点击鼠标右键执行【创建剪贴蒙版】命令，如图 1.5.34 所示。

图 1.5.34

（35）置入素材"购物车 2"，用文字工具创建文本内容，如图 1.5.35 所示。

图 1.5.35

（36）用形状工具和文字工具创建图形和文本为版块装饰，如图 1.5.36 所示。

图 1.5.36

（37）根据上述方法，将"新品"版块的剩余两组制作完成，如图 1.5.37 所示。

图 1.5.37

（38）置入素材"花簇 3"和"花簇 4"，将图层混合模式都改为"变暗"，并且将图层不透明度都调整为 15%，如图 1.5.38 所示。

图 1.5.38

（39）置入素材"海岸"于"粉色背景"图层上方，底部与画面下边缘对齐，如图 1.5.39 所示。

图 1.5.39

（40）按照上述介绍过的方法将"爆款"版块制作完成，效果如图 1.5.40 所示。

图 1.5.40

（41）新建一个文件夹组，命名为"底部"，在组内用【矩形工具】▭创建宽度 1920 像素，高度 286 像素，填充颜色 #ffffff 的矩形置于画面底部，如图 1.5.41 所示。

图 1.5.41

（42）置入素材"官方品质""7 天无理由""实物拍摄""降退差价"和"搜索栏 2"，如图 1.5.42 所示。

图 1.5.42

（43）用形状工具制作两个填充颜色 #ee4240 的矩形作为底部按钮，用文字工具制作文本内容，如图 1.5.43 所示。

图 1.5.43

（44）新建一个文件夹组，命名为"飘窗 1"，在组内用【矩形工具】■创建宽度 118 像素，高度 92 像素,填充颜色 #f7c236 的矩形,置入素材"花朵 3",如图 1.5.44 所示。

图 1.5.44

　　(45)在刚刚创建的矩形下方新建一个宽度 118 像素,高度 250 像素,填充颜色 #ffffff 的矩形,置入素材"聚划算"与矩形顶部对齐;用文字工具创建优惠券文本内容,填充颜色 #ee4240,如图 1.5.45 所示。

图 1.5.45

　　(46)在白色矩形下方创建一个宽度 118 像素,高度 10 像素,填充颜色 #976c37 的矩形,在新建矩形内部制作"关注"按钮,首先用【圆角矩形工具】创建宽度 88 像素,高度 22 像素,圆角半径 11 像素,填充颜色 #ee4240 的圆角矩形,然后用形状工具和文字工具将按钮内容制作完成,如图 1.5.46 所示。

图 1.5.46

（47）新建一个文件夹组,命名为"飘窗 2",置入素材"椭圆"和"花朵 2",如图 1.5.47 所示。

图 1.5.47

（48）新建文字图层，创建英文主标题文本，填充颜色 #ff004f，如图 1.5.48 所示。

图 1.5.48

（49）新建文字图层，创建中文主标题文本，填充颜色 #4ca45e，如图 1.5.49 所示。

图 1.5.49

（50）新建文字图层，创建剩余文本内容，填充颜色 #000000，如图 1.5.50 所示。

图 1.5.50

（51）用文字工具和形状工具将剩余内容制作完成，如图 1.5.51 所示。

图 1.5.51

至此，淘宝女装店铺首页制作完成，效果如图 1.3.2 所示。

　　本任务通过对淘宝女装店铺首页设计的学习,对电子商务的定义、淘宝网的发展及网店美工人才要求有初步了解,对淘宝女装店铺的设计表现方法有了初步认识,同时也掌握了淘宝网店设计原则的相关概念。

　　设计一款受众群体年龄介于 18~28 岁之间的饰品店铺首页,要求版式布局活泼轻快,色彩搭配清新亮丽。

项目二 淘宝食品店铺首页设计

随着电子商务在国内的迅猛发展,传统的店面式销售方式已经很难满足经济快速发展的需要。目前很多厂商、经销商都采用了电子商务的销售模式。这种模式成本低、流通快,实现了商品的批量快速流通,消费者可以以低于传统渠道的价格获取所需要的商品,制造企业和经销商也能以合理的利润实现商品的大批量快速销售,达到了多方共赢的局面。开展电子商务的一个重要平台就是淘宝网,通过实现食品店铺首页设计,学习淘宝店铺设计相关知识。在任务实现过程中:

- 理解淘宝美工设计制作流程。
- 了解淘宝店面设计基本构图技巧。
- 了解淘宝店铺装修常见图片尺寸。
- 了解淘宝店铺首页布局要素。

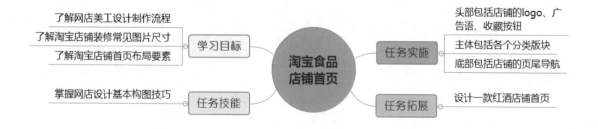

【情境导入】

随着互联网技术的不断发展,网上购物已经成为了很多人的主要消费方式之一,价格优势不再是第一选项,消费者更多的是关注产品本身的质量、网店视觉形象的设计等原因。越来越多的线下实体巨头瞄准网购市场,进而刺激网购平台商家间的竞争,由于网店的视觉形象是消费者初次印象,凭此印象在短时间内选择继续浏览,还是离开,如何提高网店的跳转率,加强网店的视觉形象,加深客户的印象。由此可以看出网店品牌视觉形象设计若可以提高视觉观感,符合网购者的消费心理,这样客户的注意力才能够被吸引,把客户的兴趣激发出来、释放其购买的欲望,最后促成消费者买单。

在淘宝网店中,食品品牌形象设计运用成功的商家有"三只松鼠""巧厨""小奶花"等,这些店铺标志设计与品牌形象的相互结合,提升网店在买家心中的地位,使买家成为网店的忠实粉丝。因此淘宝店铺的装修既要有科学性,又要有艺术性,同时还需要同其目的性紧密相连,从而增加消费者的购买欲望及回头率。本次任务主要是实现淘宝食品店铺首页设计。

【功能描述】

- 使用淘宝布局要素来设计食品店铺首页。
- 头部包括店铺的 logo、广告语、收藏按钮。
- 主体包括各个分类版块。
- 底部包括店铺的页尾导航。

【基本框架】

基本框架如图 2.3.1 所示。通过本次任务的学习,能将框架图 2.3.1 转换成效果图 2.3.2 所示。

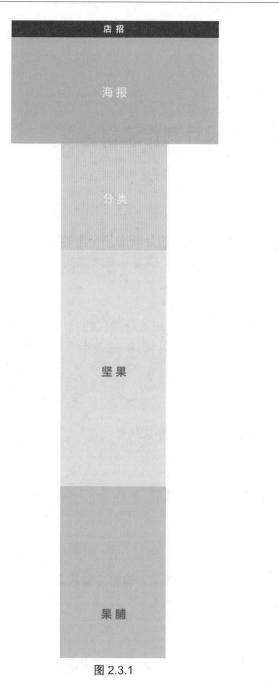

图 2.3.1

图 2.3.2

技能点 1　网店美工设计制作流程

1　素材规划

店铺装修之前,设计人员必须定位整个店铺风格,从拍摄照片就必须全面的规划。每一个店铺都是独特而富有生命活力的,如何完美地展现给顾客,这是需要认真考虑的。

2　图片设计制作

拍摄好的商品和模特展示等图片,需要在 Photoshop 软件中进行美化处理,然后配上文案内容,进行排版设计制作。这也是美工设计人员工作的重点,同样,也是本书所着重讲解的内容。

3　切片处理

使用 Photoshop 切片工具,把设计好的内容进行无缝切片和优化处理。

4　上传图片空间

把切片存储好的图片上传到淘宝图片空间或千牛云盘,然后,在 Dreamweaver 软件中给图片添加热点链接等内容转化为代码。

5　预览效果

把转化好的代码有效的安装到店铺当中,及时预览查看效果。值得注意的是,要及时检查代码链接的有效性,处理瑕疵,确定无误后,方可发布。

6　其他工作

另外,当日常工作中遇到其他营销活动,需要配合运营人员设计制作促销广告图。

技能点 2　网店设计基本构图技巧

视觉营销是一种新的市场营销手段,为达成营销的目标而存在的,通过商品的陈列和形象化展示,对顾客的视觉造成强劲攻势,实现与顾客的沟通,以此向顾客传达商品信息、服务理念和品牌文化,达到促进商品销售、树立品牌形象的目的。在当下互联网环境中,淘宝网店利用色彩,图案,文字等一些元素加强视觉冲击力,吸引潜在消费者的关注,增加网店的竞争力。吸引消费者的购买欲望,提高页面的跳转率和转化率,最终能够实现网店的销售额增长,从而达到营销制胜的效果。在网店界面的设计过程中,经常使用的构图技巧有以下三种:

1　对比

在店面设计中,如果没有对比效果,商品就缺少活力,就不能在视觉上吸引浏览者。所以在设计中,我们可以从主次、大小、位置等诸多方面运用对比手法,将宝贝设计得更具魅力。大小对比在店面设计中的应用很常见。大小对比可以给人以近距离了解宝贝的机会,也可以更详细地向浏览者展示商品的细节。同时,大小对比的展示画面,可以给人更为强烈的视觉冲击和身临其境的体验感。店面宝贝放置在不同的位置、不同的场景都可以给人造成不一样的感受,如图 2.4.1 所示。

图 2.4.1

2　对称

对称是指以中轴线为中心分成相等两部分的对应关系,如自然界中人的双眼、双耳或鸟虫的双翼。在淘宝店面设计中也经常运用对称的形式,它给浏览者以端庄、大方的感觉,产生秩序、高贵的视觉美感。此种构图技巧多用于家具、窗饰等店铺设计之中,如图 2.4.2 所示。

图 2.4.2

3　反复

反复是在店铺页面的宝贝设计构图中,使某一具有相同或相似形态的宝贝多次出现在版面上的效果。店面设计中适当地应用反复，能增加页面的韵律和节奏感。当然，反复不是简单的重复，而是通过将具有相同款式不同风格、相同服饰不同颜色的相同产品，或不同的姿势、不同的动作的产品照片在设计中反复出现，从不同的角度、不同的层次表现同一个主题，如图 2.4.3 所示。

图 2.4.3

技能点 3 淘宝店铺装修常见图片尺寸

淘宝店铺装修常见图片尺寸如图 2.4.4 所示。

名　称	图片尺寸 （宽×高）	图片大小	图片格式	建议/备注
店招	950像素×120像素	不限	gif、jpg、jpeg、png	品牌形象/促销宣传内容等
导航	950像素×30像素	不限	gif、jpg、jpeg、png	活动分类/热销商品
海报轮播图	950像素×（100-600）像素	不限	gif、jpg、jpeg、png	促销宣传
全屏轮播	1920像素×（100-600）像素	不限	gif、jpg、jpeg、png	促销宣传
宝贝主图	800像素×800像素至1200像素×1200像素	不超过500KB	gif、jpg、jpeg、png	正方形/凸显商品/差异化
详情页面	750像素×自定义 950像素×自定义	不限	gif、jpg	完美展现商品
分类图片	宽度不超过160像素 高度不明确规定	不超过50KB	gif、jpg、jpeg、png	醒目/文字为主
店标	建议80像素×80像素	不超过80KB	gif、jpg、jpeg、png	独特/醒目
旺旺头像	建议120像素×120像素	不超过300KB	gif、jpg、jpeg、png	
页头背景	不限	不超过200KB	gif、jpg、jpeg、png	最好可以无缝拼接
页面背景	不限	不超过200KB	gif、jpg、jpeg、png	

图 2.4.4

技能点4　淘宝店铺首页布局要素

众所周知，一个店铺的首页就相当于一个实体店的门面，淘宝店铺同样如此。其影响不亚于一个产品的详情描述，淘宝店铺首页装修的好坏会直接影响客户的购物体验和店铺的转化率。淘宝店铺首页规划布局主要有：店招、导航、海报、产品分类、优惠券、客服旺旺、产品展示、店铺页尾、店铺背景等这几部分组成。这里所说的前提是淘宝店铺是旺铺专业版，在其自定义模块上进行装修。

1　店招

店招顾名思义是店铺的招牌。一般展示的内容是店铺的名称logo（标志）、口号等，详细一些的也可以展示1、2张主推的产品在店招上，还有领取优惠券的设计，收藏店铺的图标。（备注：店招是店铺上唯一的各个页面都能展示出现的模块，所以一些重点推广信息可以设计在店招上。）店招的常规尺寸为950像素×150像素含自定义导航部分，950像素×120像素导航为系统自带，如图2.4.5所示。

图 2.4.5

2　导航条

导航条可分为淘宝系统自带和自定义导航条设计，主要功能是可以快速链接到相应的指定页面。一般内容为所有分类首页等，丰富一些的有会员制度购物须知、品牌故事等，具体可根据自己店铺内容而定，如图2.4.6所示。

图 2.4.6

3　全屏海报（banner）

全屏海报主要用于店铺重大公告、折扣优惠、主打产品推荐等，让客户一点进首页就能看到店铺的重点，一般全屏海报尺寸1920像素×600像素（建议高度在400~600像素间），如图2.4.7所示。

图 2.4.7

4　产品促销轮播海报

产品促销轮播海报主要用于推广产品的促销,内容可以做成促销海报吸引买家。尺寸为950 像素 ×500 像素(建议高度在 500 像素左右),如图 2.4.8 所示。

图 2.4.8

5　产品分类

产品分类方便买家根据自己的需求在店铺上快速找到产品。分类主要有按价格分类、产品功能分类、产品属性分类等,如图 2.4.9 所示。

图 2.4.9

6　优惠券设计

优惠券是指淘宝店铺的一个营销服务,起到主动营销买家,提升回头客的效果。我们所说的设计,是通过平面图片的设计将优惠券展示在店铺的首页,让买家一目了然地看到。设计常规尺寸 950 像素 ×200 像素内,如图 2.4.10 所示。

图 2.4.10

7　客服旺旺

客服旺旺是用于买家跟店家沟通的软件,设计在首页上可方便买家联系商家,如图 2.4.11 所示。

图 2.4.11

8　产品自定义主图展示

产品自定义主图展示是指产品通过平面图片展示设计,更能突出产品的性价比,更能融合到店铺的风格里,极大提升产品的视觉展示效果(此非淘宝系统宝贝推荐的豆腐块式的产品展示),如图 2.4.12 所示。

图 2.4.12

9　店铺页尾

　　店铺页尾主要展示的内容有：关于快递包装物流、关于售后等服务，尺寸 950 像素 ×300 像素内，如图 2.4.13 所示。

图 2.4.13

10　店铺背景

　　一个店铺的风格确立，店铺的背景占据了大部分，背景主要设计的内容店铺的背景图片，店铺手机二维码或店铺一些重要的折扣信息都可以加入店铺上。

　　通过下面的操作，实现图 2.3.2 所示的淘宝食品店铺首页的效果。

　　（1）打开 Photoshop 软件，单击【文件】→【新建】命令或按 Ctrl+N 快捷键，新建一个名为"淘宝食品店铺首页"的 RGB 模式，"宽度"和"高度"分别为 1920 像素和 6540 像素，"分辨率"为 72 像素 / 英寸、"背景内容"为"白色"的文件。如图 2.5.1 所示。

新建		✕
名称(N):	淘宝食品店铺首页	确定
文档类型:	自定 ⬍	取消
大小:	⬍	存储预设(S)...
宽度(W):	1920　像素 ⬍	删除预设(D)...
高度(H):	6540　像素 ⬍	
分辨率(R):	72　像素/英寸 ⬍	
颜色模式:	RGB 颜色 ⬍　8 位 ⬍	
背景内容:	白色 ⬍	图像大小:
		35.9M
高级		
颜色配置文件:	sRGB IEC61966-2.1 ⬍	
像素长宽比:	方形像素 ⬍	

图 2.5.1

（2）新建一个文件夹组，命名为"店招"。执行快捷键 Ctrl+R，打开【标尺】，在画面两边各拉出一条距离左右边缘 465 像素的参考线，再拉出一条居中画面的参考线。在组内用【矩形工具】■创建宽度 1920 像素，高度 150 像素，填充颜色为 #663f17 的矩形置于画面最上方，并且将图层命名为"店招背景"。如图 2.5.2 所示。

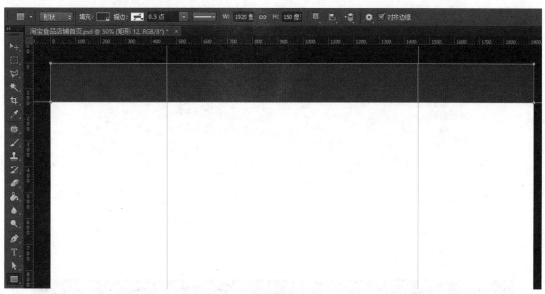

图 2.5.2

（3）在组内用【矩形工具】■创建宽度 1920 像素，高度 50 像素，填充颜色 #000000 的矩形，命名为"导航背景"，与"店招背景"底部对齐，如图 2.5.3 所示。

图 2.5.3

（4）选择"导航背景"图层，双击图层打开【图层样式】面板，执行【描边】命令，设置描边大小为 2 像素；位置：外部；填充颜色为 #f39800，效果如图 2.5.4 所示。

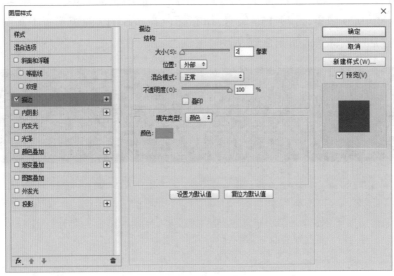

图 2.5.4

（5）效果如图 2.5.5 所示。

图 2.5.5

（6）置入素材"logo""广告语"，效果如图 2.5.6 所示。

图 2.5.6

（7）用【圆角矩形工具】▢，创建宽度 116 像素，高度 50 像素，半径 5 像素的圆角矩形，效果如图 2.5.7 所示。

图 2.5.7

（8）选择该图层，双击图层打开【图层样式】面板，执行【渐变叠加】命令，混合模式：正常；角度 90 度；渐变色标从左到右依次为：#350507、#f72e37，如图 2.5.8 所示。

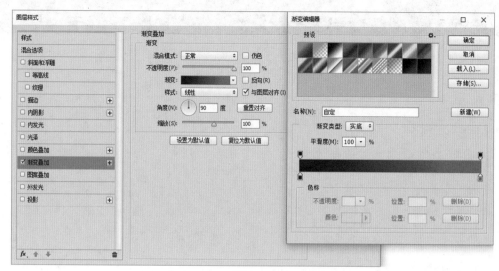

图 2.5.8

（9）创建新的文字图层，键入文本内容，填充颜色 #ffffff，效果如图 2.5.9 所示。

图 2.5.9

（10）创建新的文字图层，键入导航文本，填充颜色 #f7992b，效果如图 2.5.10 所示。

图 2.5.10

（11）新建一个文件夹组，命名为"海报"，置入素材"海报背景"，如图 2.5.11 所示。

图 2.5.11

（12）置入素材"滴溅奶花"，选择该图层点击鼠标右键执行【创建剪贴蒙版】命令，如图 2.5.12 所示。

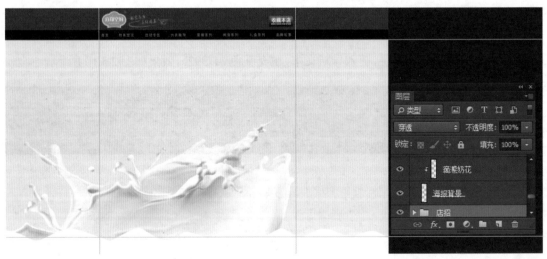

图 2.5.12

（13）置入素材"松子""树叶"，分别选择两个图层点击鼠标右键执行【创建剪贴蒙版】命令，如图 2.5.13 所示。

图 2.5.13

（14）置入素材"奶花"，如图 2.5.14 所示。

图 2.5.14

（15）选择该图层点击鼠标右键执行【创建剪贴蒙版】命令，双击图层打开【图层样式】面板，执行【投影】命令，混合模式：正片叠底；填充颜色 #231815；不透明度为 75%；角度：117；距离：5 像素；扩展：0%；大小：5 像素，如图 2.5.15 所示。

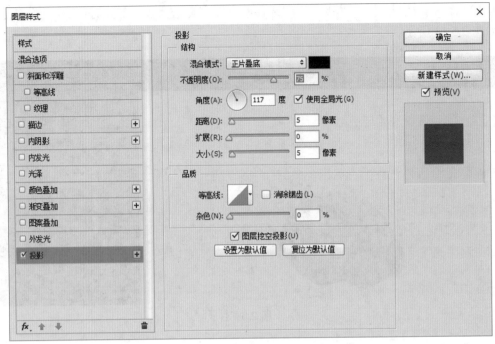

图 2.5.15

（16）效果如图 2.5.16 所示。

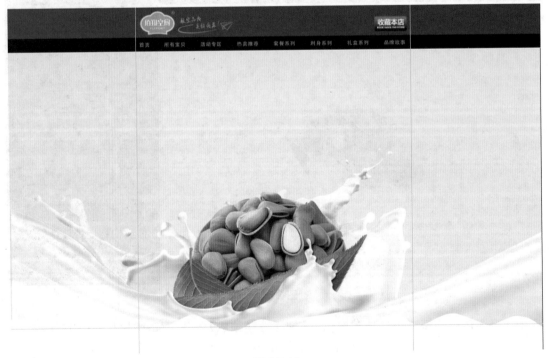

图 2.5.16

（17）置入素材"杏仁 1"，将图层不透明度调整为 50%，选择该图层点击鼠标右键执行【创建剪贴蒙版】命令，如图 2.5.17 所示。

图 2.5.17

（18）为该图层添加【图层蒙版】，用黑色画笔抹去局部，效果如图 2.5.18 所示。

图 2.5.18

（19）复制"杏仁 1"图层，命名为"杏仁 2"，用黑色画笔修改该图层的【图层蒙版】，效果如图 2.5.19 所示。

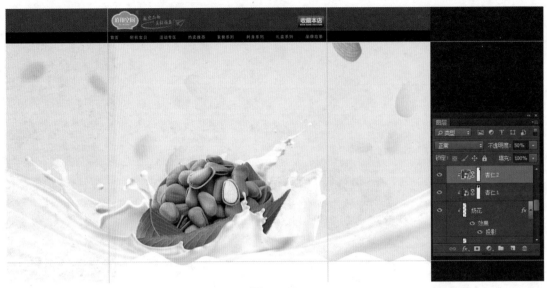

图 2.5.19

（20）再次复制"杏仁 1"图层，命名为"杏仁 3"，用黑色画笔修改该图层的【图层蒙版】，如图 2.5.20 所示。

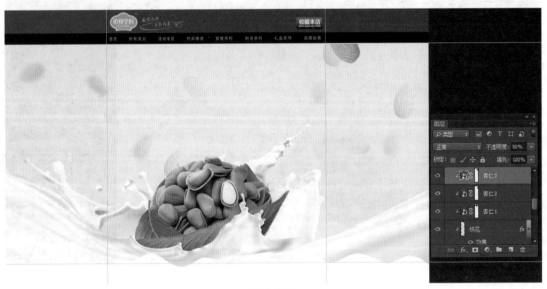

图 2.5.20

（21）置入素材"水花"，如图 2.5.21 所示。

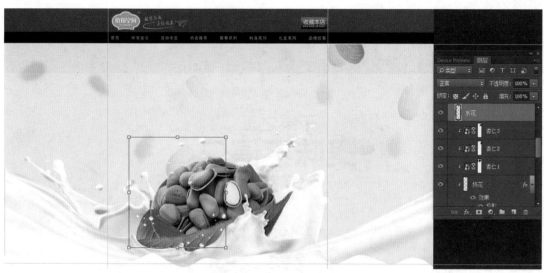

图 2.5.21

（22）用【椭圆工具】 创建两个正圆，分别填充颜色 #ffc303、#91bf05，如图 2.5.22 所示。

图 2.5.22

（23）新建文字图层,键入文本内容,填充颜色 #443b3c。海报部分制作完成,效果如图 2.5.23 所示。

图 2.5.23

（24）新建一个文件夹组,命名为"分类",新建文字图层,键入文本内容,填充颜色 #443b3c;用【直线工具】绘制装饰线,效果如图 2.5.24 所示。

图 2.5.24

（25）用【椭圆工具】创建四个正圆,填充颜色 #ffc303;新建文字图层,键入文本内容,填充颜色 #443b3c,如图 2.5.25 所示。

图 2.5.25

（26）在"分类"文件夹组里创建子文件夹组,命名为"标志",置入素材"标志",创建文字图层,键入文本,填充颜色 #443b3c,,如图 2.5.26 所示。

图 2.5.26

（27）用【椭圆工具】 创建宽度 308 像素,高度 308 像素,填充颜色无,描边颜色 #443b3c,描边大小 0.5 点的正圆,设置描边类型为虚线,具体参数如图 2.5.27 所示。

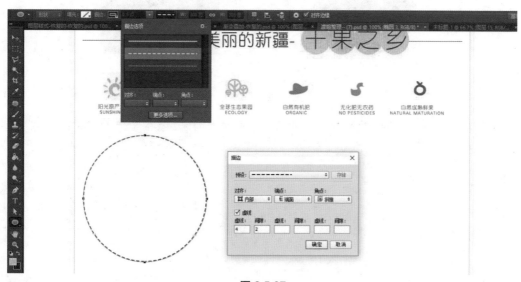

图 2.5.27

（28）用【椭圆工具】 创建宽度 292 像素，高度 292 像素，填充颜色 #443b3c 的正圆，与上一步创建的正圆居中对齐，如图 2.5.28 所示。

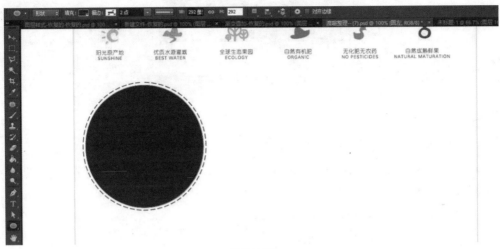

图 2.5.28

（29）置入素材"松子"，选择该图层点击鼠标右键执行【创建剪贴蒙版】命令，如图 2.5.29 所示。

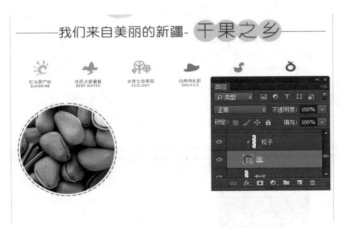

图 2.5.29

（30）置入素材"绿笔刷"，新建文字图层，键入文本内容，填充颜色 #443b3c，如图 2.5.30 所示。

图 2.5.30

（31）依据上述方法，将"营养果铺"和"休闲零食"分类版块制作完成，如图 2.5.31 所示。

图 2.5.31

（32）新建一个文件夹组，命名为"坚果"，置入素材"坚果背景"和"卡通"，键入文本内容，填充颜色 #443b3c，如图 2.5.32 所示。

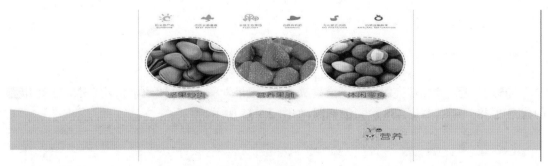

图 2.5.32

（33）用【椭圆工具】 创建填充颜色 #91bf05 的正圆；键入文本内容，填充颜色 #443b3c；用【直线工具】 绘制装饰线，填充颜色 #443b3c，如图 2.5.33 所示。

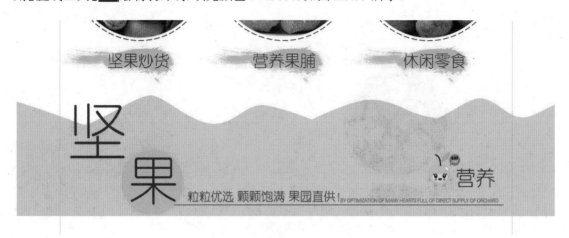

图 2.5.33

（34）置入素材"树叶 2"，如图 2.5.34 所示。

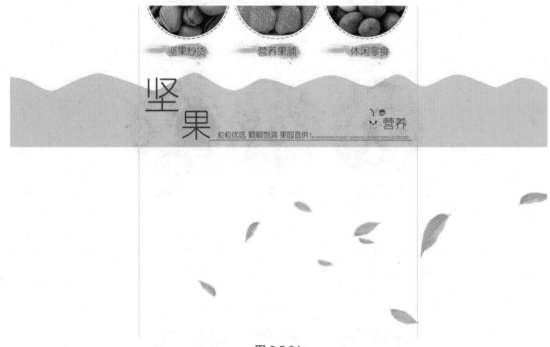

图 2.5.34

（35）在"坚果"文件夹组新建子文件夹组"碧根果"，置入素材"边框"；用【椭圆工具】 创建宽度 486 像素，高度 438 像素的椭圆，如图 2.5.35 所示。

图 2.5.35

（36）置入素材"碧根果"，选择该图层点击鼠标右键执行【创建剪贴蒙版】命令，如图 2.5.36 所示。

图 2.5.36

（37）置入素材"树叶 3"和"碧根果 2"，如图 2.5.37 所示。

图 2.5.37

（38）创建文字图层，键入文本，填充颜色为 #443b3c，如图 2.5.38 所示。

图 2.5.38

（39）用【椭圆工具】 ⬭ 创建宽度 60 像素，高度 60 像素，填充颜色 #de8e03 的正圆，双击图层打开【图层样式】面板，执行【描边】命令，设置描边大小为 1 像素；位置：外部；填充颜色为 #ffffff，效果如图 2.5.39 所示。

图 2.5.39

（40）创建文字图层，键入文本，填充颜色为 #ffffff，效果如图 2.5.40 所示。

图 2.5.40

（41）用【矩形工具】■创建宽度 340 像素，高度 80 像素，填充颜色 #de8e03 的矩形，创建文字图层，键入文本，填充颜色为 #ffffff，如图 2.5.41 所示。

图 2.5.41

（42）用【矩形工具】■创建宽度 150 像素，高度 26 像素，填充颜色 #91bf05 的矩形，创建文字图层，键入文本，填充颜色为 #ffffff，如图 2.5.42 所示。

图 2.5.42

（43）创建文字图层，键入价格文本，填充颜色为 #443b3c，如图 2.5.43 所示。

图 2.5.43

（44）置入素材"灰色文字背景"，创建文字图层，键入文本内容，填充颜色为 #443b3c，如图 2.5.44 所示。

图 2.5.44

（45）按照上述方法，制作"腰果"子文件夹组，如图 2.5.45 所示。

图 2.5.45

（46）在"坚果"文件夹组新建子文件夹组"开心果"，置入素材"边框"；用【椭圆工具】创建宽度 260 像素，高度 264 像素的椭圆，如图 2.5.46 所示。

图 2.5.46

（47）置入素材"开心果"，选择该图层点击鼠标右键执行【创建剪贴蒙版】命令，如图 2.5.47 所示。

图 2.5.47

（48）置入素材"树叶 6"和"开心果 2"；新建文字图层，创建文本内容，填充颜色 #443b3c，如图 2.5.48 所示。

图 2.5.48

（49）用【矩形工具】■创建宽度 76 像素,高度 26 像素,填充颜色 #91bf05 的矩形和宽度 76 像素,高度 66 像素,填充颜色 #ffc303 的矩形,新建文字图层,创建文本内容,填充颜色 #443b3c,如图 2.5.49 所示。

图 2.5.49

（50）按照上述方法,制作"杏仁""巴坦木""松子"子文件夹组,如图 2.5.50 所示。

图 2.5.50

（51）新建一个文件夹组,命名为"果脯",置入素材"果脯版块背景"如图 2.5.51 所示。

图 2.5.51

（52）按照上述制作"坚果"文件夹组的方式制作"果脯"文件夹组，效果如图 2.5.52 所示。

图 2.5.52

（53）新建一个文件夹组，命名为"页尾"，置入素材"页尾背景"，新建文字图层，创建文本内容，填充颜色 #ffffff；用【直线工具】  绘制虚线类型的下划线，填充颜色 #ffffff，效果如图 2.5.53 所示。

图 2.5.53

至此，淘宝食品店铺首页制作完成，效果如图 2.3.2 所示。

本任务通过对淘宝食品店铺首页的制作，对淘宝店面设计基本构图技巧、淘宝店铺装修常见图片尺寸具有初步了解，对淘宝店铺首页布局要素有了初步认识，同时也掌握了网店美工设计制作流程的相关知识。

设计一款红酒店铺首页，要求版式布局高雅简洁，富有格调，色彩搭配时尚华丽、典雅大气。

项目三 淘宝护肤品店铺首页设计

伴随着科技的发展和深入,当下消费者购物方式发生了颠覆性的改变,去实体商店消费不再是人们的唯一选择,从一开始对互联网安全隐患的恐惧,到现在网上购物成为一个潮流。只需要鼠标点击几下,就可以立即付款,然后在家坐等收货即可。便利快捷的购物方式让人足不出户,就能够享受与去商业街一样的乐趣,满足人们的需求。通过实现护肤品店铺首页设计,学习网店设计相关知识,了解网店店招、导航和页尾的设计技巧。在任务实现过程中:

- 了解网店店招设计相关知识。
- 了解网店导航设计相关知识。
- 了解网店页尾设计相关知识。

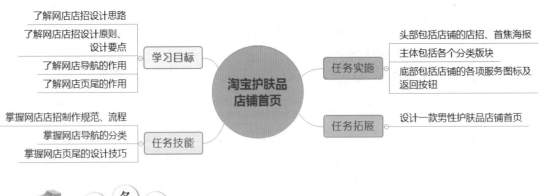

【情境导入】

网购的迅猛发展对淘宝卖家的网店品牌视觉设计是一个极大的考验。由于人们的审美能力不断提高,对网站设计的概念已经不再局限在技术层面,网站的设计外观也逐渐艺术化,因此网店设计的艺术性被开发者重视。本次任务主要是实现淘宝护肤品店铺的首页设计。

【功能描述】

- 使用淘宝布局要素来设计护肤品店铺首页。
- 头部包括店铺的 logo、宣传标语、收藏按钮、首焦海报等。
- 主体包括各个分类版块下的图片链接。
- 底部包括店铺的各项服务图标及返回按钮。

【基本框架】

基本框架如图 3.3.1 所示。通过本次任务的学习,能将框架图 3.3.1 转换成效果图 3.3.2 所示。

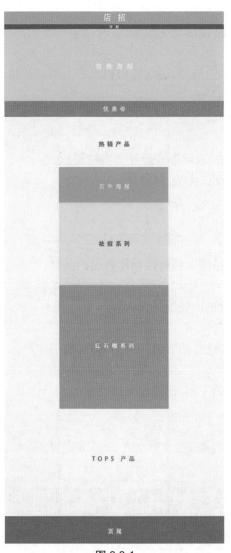

图 3.3.1

图 3.3.2

技能点 1　网店店招设计

1　店招设计思路

（1）以品牌宣传为主的类型：一般有着雄厚的实力，给力的产品，想要打造自己的品牌。店招元素包括品牌名称、logo、关注、收藏等。

（2）以活动促销为主的店铺：薄利多销，店招风格视活动主题来定，营造出一个活动氛围。店招上适当地加入一些红包或者优惠券领取的按钮。

（3）以产品推广为主的店铺：增加店铺主推产品的销量，通常在店招上放上两三款推广的产品。

2　店招设计原则

（1）要直观明确地告诉客户自己店铺是卖什么的，表现形式最好是实物照片。

（2）要直观明确地告诉客户自己店铺的卖点（特点、优势、差异化）。

3　店招设计要点

（1）店铺名字

利用文字传达信息，告诉客户自己是卖什么的，品牌店铺可以标榜自己的品牌。

（2）实物照片

利用图像传递信息，更加直观形象地告诉客户自己店铺的经营内容。

（3）产品特点

利用简洁明了的文案直接阐述自己店铺的产品特点，第一时间打动客户、吸引客户。

（4）店铺（产品）优势和差异化

告诉客户店铺和产品的优势以及和其他的店铺的不同，形成差异化竞争。

4　店招制作规范、流程

（1）确定风格：视产品而定。

（2）布局：店招尺寸、店招构成、区块划分。

店招的布局设计一般是左边或者中间放 logo，logo 之下放品牌词或广告词；中间留空或放品牌的相关文字，或放其他；右边放收藏店铺等相关内容；店招之下是导航，如图 3.4.1 所示。

图 3.4.1

（3）配色方案

● 可以从 logo 提取颜色，用品牌的标准色作为色调参考，配色用同色系或邻近色，给人页面很一致化的感受，色相柔和过渡看起来也很和谐。

● 如果店招里包含产品展示，也可以从产品本身提取颜色作为色彩搭配方案。

● 产品联想属性提取颜色，比如水果容易让人联想到黄色、橙色；环保产品容易让人联想到绿色；女性用品容易让人联想到粉色、紫色等。

● 配色方案中所包含的颜色不宜超过 3 种。

（4）规范字体

店招设计中一般不超过 3 种字体，重点部分可以用字体加粗的方式来突显，并且字体大小使用要有主次之分。

（5）Ps 排版

越是简约大气的页面，元素务必不要太多，清爽舒适的页面多留白。

技能点 2　网店导航设计

1　网店导航的作用

导航如同现实生活中商场里楼层悬挂的指示牌、分类牌，起到指引消费者快速找到所需商品。导航在店铺首页，起到非常重要的作用，它能方便地引导消费者找到自己需要的商品。

网店导航是买家访问店铺的快速通道，可以方便地从一个页面跳转到另一个页面，查看店铺的各类商品及信息。因此，提供清晰的导航，能保证更多的店铺页面访问，使更多的商品及活动被发现。尤其买家从宝贝详情页到其他页面，若缺乏导航的引导，将极大影响转化率。

2　网店导航分类

（1）店招导航

店招导航是淘宝店铺中默认存在，且不可删除的，它会在店铺的每一个页面（首页、详情页、专题页等）都进行展示，如图 3.4.2 所示。

图 3.4.2

（2）页中分类导航

页中分类导航一般情况下出现在店铺首页，其目的是为了更好地引导买家在浏览店铺时及时找到所需商品。页中店招的设计形式多种多样，可以是图文显示，也可以是文字直接引导，如图 3.4.3 所示。

图 3.4.3

（3）左侧分类导航

左侧分类导航一般出现在两个位置，第一个位置是在店铺首页，会跟着页面的下拉而变动；第二个是出现在宝贝描述页面，通常作为宝贝分类出现，如图 3.4.4 所示。

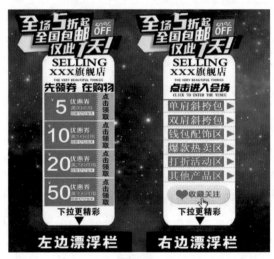

图 3.4.4

（4）页尾导航

页尾导航在店铺首页，买家浏览到底部，可直接选择刚才看过的某一个商品类目信息。页尾导航有时也会出现在详情页最底部，目的也是引导买家再次浏览店铺商品，提升店铺的访问深度，如图 3.4.5 所示。

图 3.4.5

技能点 3　网店页尾设计

1　网店页尾的作用

网店的尾页设计让店铺页面的结构更加完整,可以起到宣传、告知、引发兴趣、引起注意等作用。页尾模块相对页头会少,因此利用好页尾能为店铺起到良好的分流作用,而且页头和页尾属于共同展示页面,无论打开哪个详情页都会显示,如图 3.4.6 所示。

图 3.4.6

2　网店页尾设计技法

（1）页尾设计要素一:客服联系方式

客服联系方式很多店铺会设置在左右两边,而设置到页尾的目的就是页头和页尾属于共同页面,增加展示机会,方便顾客咨询,如图 3.4.7 所示。

图 3.4.7

（2）页尾设计要素二:购物保障及售后服务

目的让顾客对店铺增加信任。从推销工作来看,售后服务本身同时也是一种促销手段。在追踪跟进阶段,店铺要采取各种形式的配合步骤,通过售后服务来提高店铺的信誉,扩大产品的市场占有率,提高推销工作的效率及效益,如图 3.4.8 所示。

图 3.4.8

(3)页尾设计要素三:返回首页、购物流程

人性化的设计能够使用户操作更加便捷,目的在于提升用户的购物体验。"用户体验"是直接影响用户是否下单以及用户能否成为回头客的关键,如图 3.4.9 所示。

图 3.4.9

(4)页尾设计要素四:关于我们

展示店铺的文化、特色、内涵、服务等;店铺加入哪些售后保障等,如图 3.4.10 所示。

图 3.4.10

(5)页尾设计要素五:友情链接

除了上述要素之外,还可以在店铺页尾添加友情链接,例如姐妹店铺、合作同盟等。

通过下面的操作,实现图 3.3.2 所示的淘宝护肤品店铺首页的效果。

(1)打开 Photoshop 软件,单击【文件】→【新建】命令或按 Ctrl+N 快捷键,新建一个名为"淘宝护肤品店铺首页"的 RGB 模式,"宽度"和"高度"分别为 1920 像素和 4520 像素,"分辨率"为 72 像素/英寸、"背景内容"为"其它",填充颜色 #f4f0ed 的文件。如图 3.5.1 所示。

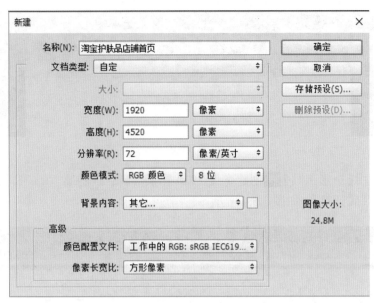

图 3.5.1

（2）新建一个文件夹组，命名为"店招"。执行快捷键 Ctrl+R，打开【标尺】，在画面两边各拉出一条距离左右边缘 485 像素的参考线（为了适应不同用户的显示屏尺寸，店铺界面的主要内容常规显示在画面居中 950~990 像素的范围内，也就是两条参考线之间），再拉出一条居中画面的参考线。在组内用【矩形工具】■创建宽度 1920 像素，高度 150 像素，填充颜色为 #7ba704 的矩形置于画面最上方，并且将图层命名为"矩形 1"。如图 3.5.2 所示。

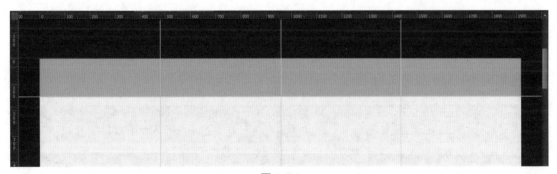

图 3.5.2

（3）在组内用【矩形工具】■创建宽度 1920 像素，高度 50 像素，填充颜色为 #e1e1e0 的矩形，与"矩形 1"底部对齐，如图 3.5.3 所示。

图 3.5.3

（4）在组内用【矩形工具】▣创建宽度 1920 像素，高度 25 像素，填充颜色为 #025c24 的矩形，与"矩形 1"底部对齐，如图 3.5.4 所示。

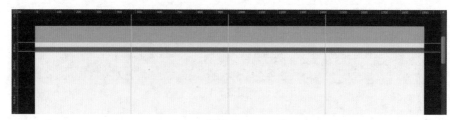

图 3.5.4

（5）置入素材"logo"，新建文字图层，键入店铺名称，效果如图 3.5.5 所示。

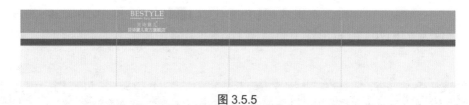

图 3.5.5

（6）置入素材"品牌图标""植物图标""正品图标"和"退货图标"，并且创建文本内容，填充颜色 #7ba704，效果如图 3.5.6 所示。

图 3.5.6

（7）新建文字图层，创建导航文本，填充颜色 #ffffff，效果如图 3.5.7 所示。

图 3.5.7

（8）置入素材"收藏按钮"，并且创建文本内容（为了突出效果，可以把"藏"字单独放大以引起消费者注意），填充颜色 #4f7531，效果如图 3.5.8 所示。

图 3.5.8

（9）用【自由形状工具】 创建会话框，填充颜色 #eb7103，如图 3.5.9 所示。

图 3.5.9

（10）在会话框图层上方新建文字图层，键入文本内容，效果如图 3.5.10 所示。

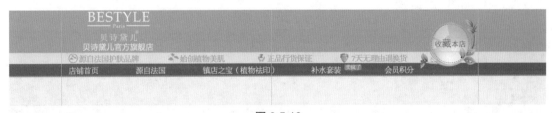

图 3.5.10

（11）新建一个文件夹组，命名为"海报"，在组内用【矩形工具】 创建宽度 1920 像素，高度 610 像素的矩形，如图 3.5.11 所示。

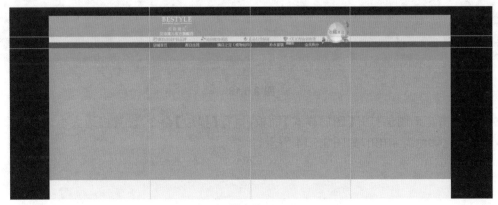

图 3.5.11

（12）置入素材"海报背景"于新建矩形上方，选择该图层点击鼠标右键执行【创建剪贴蒙版】命令。继续选择该图层点击鼠标右键执行【栅格化图层】命令，用【模糊工具】💧对画面中心部分进行局部模糊的处理，效果如图 3.5.12 所示。

图 3.5.12

（13）在"海报背景"图层上方，用【矩形工具】▭创建宽度 1920 像素，高度 286 像素，填充颜色 #f3f4ee 的矩形，将该矩形与"海报背景"图层垂直居中对齐，并且将矩形的图层填充数值修改为 20%，如图 3.5.13 所示。

图 3.5.13

（14）双击矩形图层打开【图层样式】面板，执行【描边】命令，设置描边大小为 1 像素；位置：外部；填充颜色为 #ffffff，如图 3.5.14 所示。

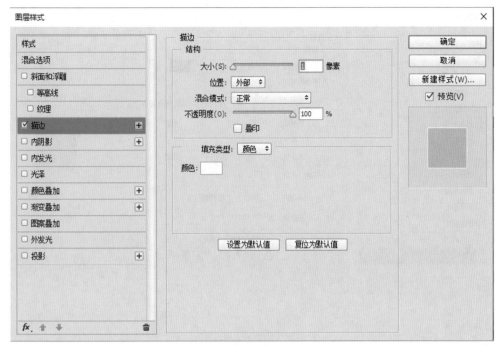

图 3.5.14

（15）效果如图 3.5.15 所示。

图 3.5.15

（16）新建文字图层，键入文本内容，填充颜色 #ffffff，双击图层打开【图层样式】面板，执行【投影】命令，混合模式：正片叠底；填充颜色 #000000；不透明度为 75%；角度：120；距离：5 像素；扩展：0%；大小：5 像素，如图 3.5.16 所示。

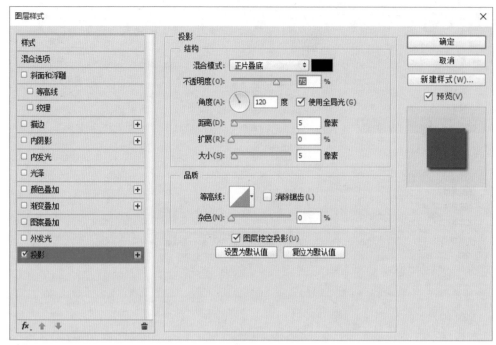

图 3.5.16

（17）效果如图 3.5.17 所示。

图 3.5.17

　（18）继续新建文字图层，键入文本内容，填充颜色 #4f7531，双击图层打开【图层样式】面板，执行【投影】命令，混合模式：正片叠底；填充颜色 #000000；不透明度为 75%；角度：120；距离：3 像素；扩展：0%；大小：3 像素，如图 3.5.18 所示。

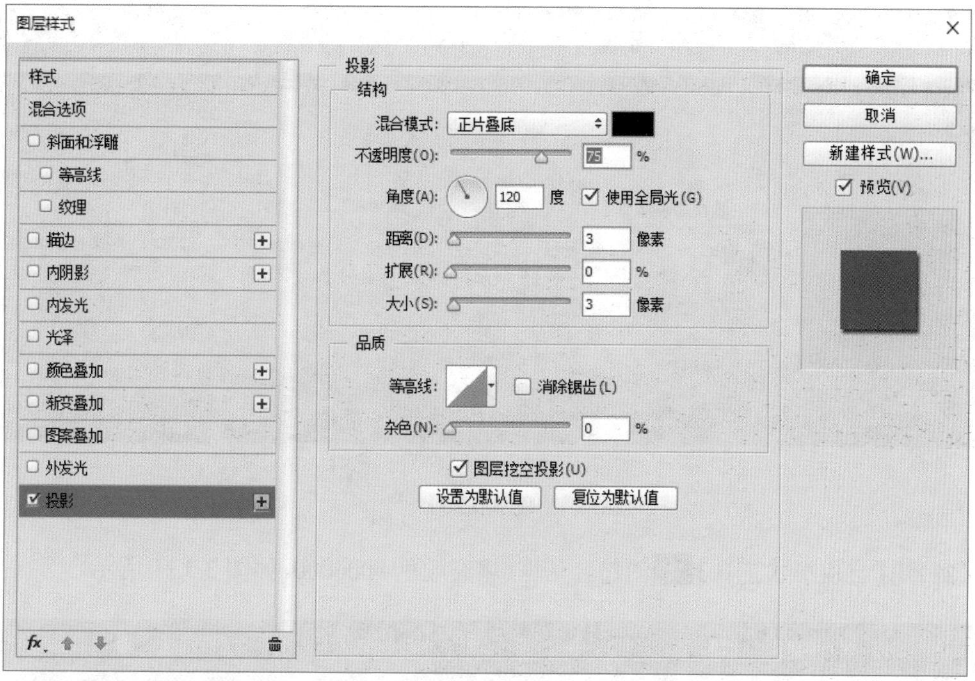

图 3.5.18

（19）效果如图 3.5.19 所示。

图 3.5.19

（20）继续新建文字图层，键入文本内容，执行与上一个文字图层相同的【图层样式】效果，如图 3.5.20 所示。

图 3.5.20

（21）用【自由形状工具】创建会话框，填充颜色 #000000，如图 3.5.21 所示。

图 3.5.21

（22）效果如图 3.5.22 所示。

图 3.5.22

（23）复制会话框，修改填充颜色为 #f33a5d，并且向左移动 3 像素，效果如图 3.5.23 所示。

图 3.5.23

（24）新建文字图层，键入文本内容，填充颜色 #ffffff，如图 3.5.24 所示。

图 3.5.24

（25）新建一个文件夹组，命名为"优惠券"，在组内用【矩形工具】<!-- icon -->创建宽度 1920 像素，高度 130 像素，填充颜色 #f33a5d 的矩形，如图 3.5.25 所示。

图 3.5.25

（26）新建文字图层，键入文本内容，填充颜色 #ffffff，执行快捷键 Ctrl+T【自由变换】命令，将文字旋转 35 度，效果如图 3.5.26 所示。

图 3.5.26

（27）用【矩形工具】■创建宽度 120 像素，高度 90 像素，填充颜色 #ffffff 的矩形；继续用【矩形工具】■创建宽度 100 像素，高度 90 像素，填充颜色 #f4b905 的矩形，效果如图 3.5.27 所示。

图 3.5.27

（28）新建文字图层，键入文本内容，填充颜色 #f33a5d，如图 3.5.28 所示。

图 3.5.28

（29）继续新建文字图层，键入文本内容，填充颜色 #000000，如图 3.5.29 所示。

图 3.5.29

（30）置入素材"立即购买"，并且复制该图层，如图 3.5.30 所示。

图 3.5.30

（31）新建一个文件夹组，命名为"热销产品"，按先后顺序置入素材"叶子 1""花 1""投影 1""水花"和"祛痘 1"，如图 3.5.31 所示。

图 3.5.31

（32）新建文字图层，键入文本内容，填充颜色 #000000，并且用【钢笔工具】绘制装饰框，效果如图 3.5.32 所示。

图 3.5.32

（33）用【矩形工具】▭创建宽度 350 像素,高度 24 像素,填充颜色 #a3c050 的矩形,在矩形图层上方创建文字图层,填充颜色 #ffffff,效果如图 3.5.33 所示。

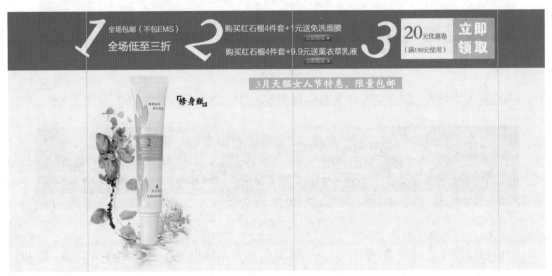

图 3.5.33

（34）用【矩形工具】▭创建宽度 222 像素,高度 106 像素,填充颜色 #ffffff 的矩形,新建文本图层,用"[]"制作填充颜色 #d34782 的装饰框;继续新建文本图层,键入产品描述内容,效果如图 3.5.34 所示。

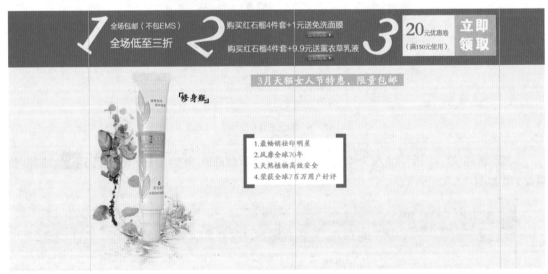

图 3.5.34

（35）置入素材"文字背景框",新建文本图层,键入促销活动内容,填充颜色 #000000,效果如图 3.5.35 所示。

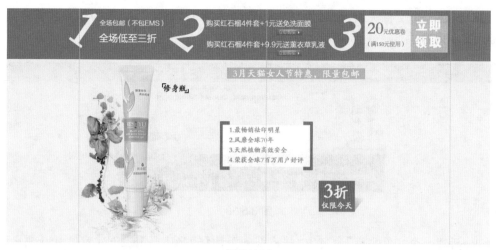

图 3.5.35

（36）置入素材"果实"，新建文本图层，键入其他文本内容，如图 3.5.36 所示。

图 3.5.36

（37）置入素材"页中海报"，如图 3.5.37 所示。

图 3.5.37

（38）新建一个文件夹组，命名为"横幅1"，置入素材"横幅"和"箭头"，并且新建文字图层，键入文本内容，填充颜色#ffffff，如图3.5.38所示。

图 3.5.38

（39）新建一个文件夹组，命名为"祛痘系列"，用【矩形工具】■创建宽度950像素，高度666像素，填充颜色#ffffff的矩形，双击图层打开【图层样式】面板，执行【描边】命令，设置描边大小为1像素；位置：外部；填充颜色为#988080，如图3.5.39所示。

图 3.5.39

（40）用【直线工具】✐分别绘制与新建矩形水平居中和垂直居中的虚线各一条，填充颜色#7e9a68，效果如图3.5.40所示。

图 3.5.40

（41）在文件夹组"祛痘系列"下创建子文件夹组，命名为"祛痘 1"，置入素材"祛痘产品 1"，新建文字图层，键入文本，填充颜色 #017f1f，如图 3.5.41 所示。

图 3.5.41

（42）新建文字图层，键入文本，填充颜色 #d34782，如图 3.5.42 所示。

图 3.5.42

（43）用【矩形工具】■，创建宽度 120 像素，高度 24 像素，填充颜色 #d34782 的矩形；新建文字图层，键入文本，填充颜色 #d34782，如图 3.5.43 所示。

图 3.5.43

（44）继续新建文字图层，键入剩余文本内容，填充颜色 #000000，如图 3.5.44 所示。

图 3.5.44

（45）用上述制作"祛痘组 1"的方法，将"祛痘组 2""祛痘组 3"和"祛痘组 2"制作完成，效果如图 3.5.45 所示。

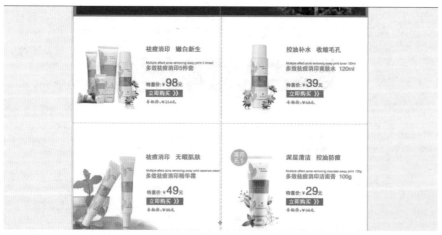

图 3.5.45

（46）新建一个文件夹组，命名为"横幅2"，置入素材"横幅"和"箭头"，并且新建文字图层，键入文本内容，填充颜色#ffffff，如图3.5.46所示。

图3.5.46

（47）新建一个文件夹组，命名为"红石榴系列"，在"红石榴系列"文件夹组创建子文件夹组，命名为"版块1"，按先后顺置入素材"石榴1""石榴2""叶子2"和"红石榴套装"，如图3.5.47所示。

图3.5.47

（48）复制"红石榴套装"图层，执行快捷键Ctrl+T【自由变换】命令下的垂直翻转命令，为该复制图层添加【图层蒙版】，用黑色柔边画笔擦除多余部分，制作投影效果，如图3.5.48所示。

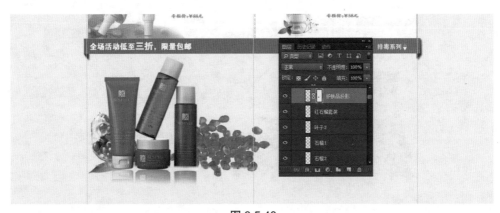

图3.5.48

（49）新建文字图层，键入文本内容，填充颜色 #da2f2f，如图 3.5.49 所示。

图 3.5.49

（50）新建文字图层，键入文本内容，填充颜色 #4e4e4e 和 #da2f2f，如图 3.5.50 所示。

图 3.5.50

（51）用【矩形工具】▣创建宽度 80 像素，高度 24 像素，填充颜色 #a3a29f 的矩形；新建文字图层，键入文本，填充颜色 #ffffff，如图 3.5.51 所示。

图 3.5.51

（52）创建中文文字图层，键入文本，填充颜色 #47873c；创建英文文字图层，键入文本，填充颜色 #000000，如图 3.5.52 所示。

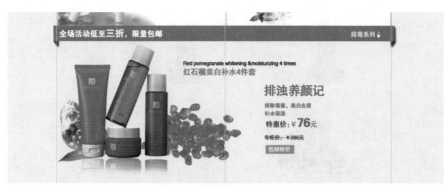

图 3.5.52

（53）在"红石榴系列"文件夹组创建子文件夹组，命名为"版块 2"，按照上述制作"祛痘系列"的方法制作该版块，效果如图 3.5.53 所示。

图 3.5.53

（54）新建一个文件夹组，命名为"top5"，在"top5"文件夹组创建子文件夹组，命名为"产品 1"，置入素材"1"，调整该图层不同明度为 50%；继续置入素材"top5-1"，效果如图 3.5.54 所示。

图 3.5.54

（55）创建三个文字图层,键入文本,从上至下填充颜色为 #47873c、#890606、#9c9d96,效果如图 3.5.55 所示。

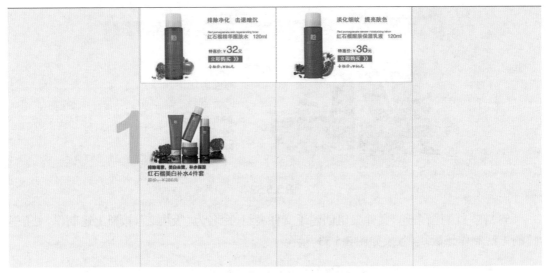

图 3.5.55

（56）用【椭圆工具】　创建宽度 72 像素,高度 72 像素,填充颜色 #de8e03 的正圆,创建文字图层,键入文本,填充颜色 #ffffff, 效果如图 3.5.56 所示。

图 3.5.56

（57）用【矩形工具】　创建宽度 80 像素,高度 18 像素,填充颜色 #4f7531 的矩形,创建文字图层,键入文本,填充颜色 #ffffff,效果如图 3.5.57 所示。

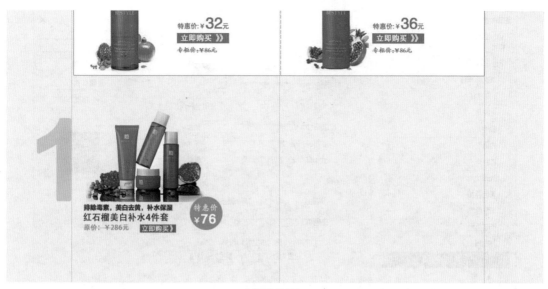

图 3.5.57

（58）在"top5"文件夹组创建子文件夹组，命名为"畅销版块"，置入素材"渐变背板"，创建四个文字图层，键入文本，填充颜色 #ffffff，效果如图 3.5.58 所示。

图 3.5.58

（59）为"全球畅销""TOP""5"三个文字图层都执行【图层样式】面板中的【投影】命令，混合模式：正片叠底；填充颜色 #472902；不透明度为 75%；角度：120；距离：2 像素；扩展：0%；大小：5 像素，如图 3.5.59 所示。

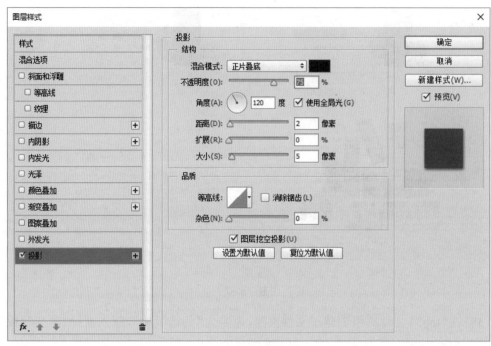

图 3.5.59

（60）用【直线工具】 ✎ 创建一条填充长度 202 像素，宽度 2 像素，填充颜色 #ffffff 的直线，如图 3.5.60 所示。

图 3.5.60

（61）按照上述制作"产品 1"的方式，将"top5"文件夹组的其余产品制作完成，效果如图 3.5.61 所示。

图 3.5.61

（62）新建一个文件夹组，命名为"页尾"，用【矩形工具】 创建宽度 1920 像素，高度 330 像素，填充颜色 #4f7531 的矩形置于画面底部，置入素材"页尾按钮"，效果如图 3.5.62 所示。

图 3.5.62

至此，淘宝护肤品店铺首页制作完成，效果如图 3.3.2 所示。

本任务通过对淘宝护肤品店铺首页的设计,对淘宝店招设计有了初步了解,对淘宝导航制作有了初步认识,同时也掌握了淘宝页尾设计的相关技法。

设计一款受众群体为男性的护肤品店铺首页,要求版式布局简约大气,色彩搭配符合男性大众审美要求。

项目四　淘宝婴幼儿玩具店铺首页设计

进入 21 世纪以来,互联网信息技术的飞速发展及广泛应用为我国经济社会的发展带来了巨大的变化,不仅冲击着我国的经济结构及传统营销模式,同时也改变了许多国人的消费理念及消费习惯。互联网应用目前已经迅速蔓延及渗透到人们的日常生活中,给消费者带来了诸多的便利,这些便利不仅仅是互联网上的丰富娱乐及海量信息,同时互联网展示给人们的还有一种与以往不同的购物方式。通过实现婴幼儿玩具店铺首页设计,学习淘宝店铺设计相关知识,了解网店海报设计技巧。在任务实现过程中:

- 了解网店海报设计思路。
- 了解常见网店海报主题方案。
- 理解网店海报设计"三原则"。
- 了解网店海报常见构图版式。

【情境导入】

近年来电子商务的快速发展,渗透到人们生活的方方面面,网店如何能够提高关注度和吸引顾客的注意力,成为网店是否能够成功的关键。不能够亲眼看到、摸到实物,无法体验产品的真实感是消费者在网上购物的一个非常大的弊端,尤其是作为孩子家长的消费者会更加重视产品在使用时的安全性和可靠性。吸引消费者注意力最有效的方法就是优化网店的页面设计,所以婴幼儿玩具店铺只有通过优化页面设计,塑造网店品牌安全健康的视觉形象,提高视觉观感,增加真实度,展现消者的需求从而吸引消费者购买。本次任务主要是实现淘宝婴幼儿玩具店铺首页设计。

【功能描述】

- 使用淘宝布局要素来设计婴幼儿玩具店铺首页。
- 头部包括店铺的 logo、导航及收藏按钮。
- 主体包括首焦海报、各个分类版块下的图片链接。
- 底部包括返回首页按钮。

【基本框架】

基本框架如图 4.3.1 所示。通过本次任务的学习,能将框架图 4.3.1 转换成效果图 4.3.2 所示。

图 4.3.1

图 4.3.2

技能点 1　网店海报设计思路

1　海报与背景色色调统一

在设计海报（banner）时，先观察背景环境，海报设计尽量避免与主色调产生强烈对比，必须要用对比色设计海报时，要考虑降低纯度或明度。参考图 4.4.1 中案例 1（a）与降低纯度、明度后的案例 2（b）的对比效果。

|（a）|（b）|

图 4.4.1

2　观察产品亮点决定背景色

背景的选择上不能单纯当海报设计，为了做出一张比较漂亮的图片，最好做到背景与产品的呼应。在海报设计中，大体分为两种风格：

（1）将拍摄的图直接用作背景，版式排列活动文案，如图 4.4.2 所示。

图 4.4.2

（2）将产品提取出来，背景根据产品灵活变动，再配合版式，如图 4.4.3 所示。

图 4.4.3

3　文案策划排版式

要明确自己的海报是给中国人看的，过度使用英文是不合适的，可将英文作为中文的辅助元素，如图 4.4.4 所示。

图 4.4.4

4　合理版式、突出主题

产品图片展示与摄影图片展示不同。摄影作品突出原生态，添加文字是为了更好地突出画面。设计作品是画面烘托文案主题的，应将主题文案放在首位重点突出，如图 4.4.5 所示。

（a）

（b）

图 4.4.5

技能点 2　常见网店海报主题方案

1　店铺活动：促销活动

（1）品牌团：官方活动聚划算，可提高品牌的曝光度。

（2）官方季节性活动：双十一／双十二活动／年中大促。

（3）店铺常规活动：换季、节日。符合当下季节或者节日、特殊日子的相关题材。

（4）店铺常规活动：周年店庆、清仓甩卖。

2　单品推广

（1）单品聚划算、爆款：适合店铺中推成爆款或者想要提高某款产品的转化率。

（2）新品上市、特价促销：适用于新品上市，并且打算全力推广的产品。

3　品牌宣传

品牌宣传适用于达到一定认知度的品牌以及在行业中有一定的知名度的店铺。

技能点 3　网店海报设计"三原则"

1　内容三元素

(1)海报背景。
(2)文案:名称、卖点、价格、其他。
(3)产品信息。

2　三段文字

主标题、副标题、附加内容。

3　三种字体

海报的文案所使用的字体不宜超过 3 种。

4　三种颜色

海报配色方案:70% 主色,25% 辅助色,5% 点缀色。

5　30% 以上留白

高端、大气的海报风格要多留白,最好可以让客户能在 0.3 秒读完。

技能点 4　网店海报常见构图版式

1　左文右图

字体上粗下细、上大下小,上下主次分明,形成对比。文案四四方方架构非常稳重,非常平衡,如图 4.4.6 所示。

图 4.4.6

2　左图右文

字体上粗下细、上大下小，排版稳重、结实，如图4.4.7所示。

图4.4.7

3　两边图中间文字

一般利用近景、远景的照片产生对比和呼应（多见模特海报），如图4.4.8所示。

图4.4.8

4　背景为风景图

利用半透明的底框，然后再在里面排文案，避免文字模糊与混乱，如图4.4.9所示。

图4.4.9

5　展示多种产品

当海报上要放置过多的促销产品时,可以采用这种版式。产品平行排版,中间利用半透明的框展现文案,如图 4.4.10 所示。

图 4.4.10

6　斜切式构图

斜切式构图会让画面显得时尚,动感活跃。但是画面平衡感不是很好控制。一般文案倾斜角度不超过 30°,文字往右上方倾斜便于阅读,如图 4.4.11 所示。

图 4.4.11

通过下面的操作,实现图 4.3.2 所示的淘宝婴幼儿玩具店铺首页的效果。

(1)打开 Photoshop 软件,单击【文件】→【新建】命令或按 Ctrl+N 快捷键,新建一个名为"淘宝婴幼儿玩具店铺首页"的 RGB 模式,"宽度"和"高度"分别为 1920 像素和 4922 像素,"分辨率"为 72 像素 / 英寸、"背景内容"为"其它",填充颜色 #36cbee 的文件。如图 4.5.1 所示。

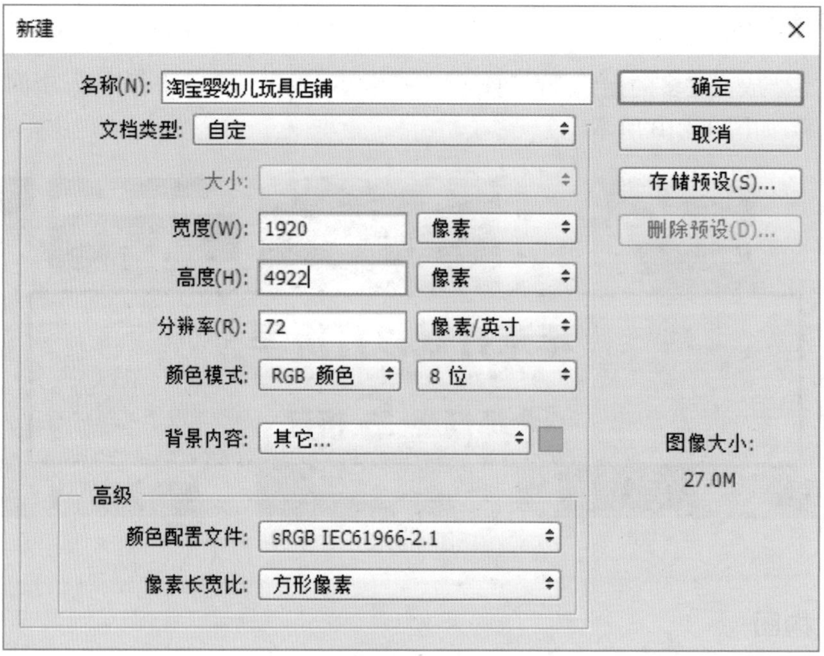

新建 ×

名称(N): 淘宝婴幼儿玩具店铺

文档类型: 自定

大小:

宽度(W): 1920　像素

高度(H): 4922　像素

分辨率(R): 72　像素/英寸

颜色模式: RGB 颜色　8 位

背景内容: 其它...

高级

颜色配置文件: sRGB IEC61966-2.1

像素长宽比: 方形像素

确定　取消　存储预设(S)...　删除预设(D)...

图像大小:
27.0M

图 4.5.1

（2）新建一个文件夹组，命名为"店招"。执行快捷键 Ctrl+R，打开【标尺】，在画面两边各拉出一条距离左右边缘 465 像素的参考线（为了适应不同用户的显示屏尺寸，店铺界面的主要内容常规显示在画面居中 950~990 像素的范围内，也就是两条参考线之间），再拉出一条居中画面的参考线。在组内用【矩形工具】■创建宽度 1920 像素，高度 150 像素，渐变颜色从左至右为 #36cbee、#97daf3 的矩形置于画面最上方，并且将图层命名为"矩形 1"，如图 4.5.2 所示。

图 4.5.2

（3）置入素材"logo""导航条"和"收藏图标"，如图 4.5.3 所示。

图 4.5.3

（4）新建文字图层，键入导航文本内容，填充颜色 #3384b8；用【直线工具】绘制导航文本分割线，填充颜色 #384b8，效果如图 4.5.4 所示。

图 4.5.4

（5）新建一个文件夹组，命名为"海报"，用【矩形工具】创建宽度 1920 像素，高度 850 像素，填充颜色 #ffffff 的矩形；置入素材"云朵背景"，为"云朵背景"图层添加图层蒙版，用黑色柔角画笔擦除图层底部，使其与白色背景融为一体，效果如图 4.5.5 所示。

图 4.5.5

（6）复制"云朵背景"图层,向画面右侧移动,效果如图 4.5.6 所示。

图 4.5.6

（7）置入素材"会话框",双击图层打开【图层样式】面板,执行【投影】命令,混合模式:正片叠底;填充颜色 #018bb2;不透明度为 15%;角度:90;距离:32 像素;扩展:0%;大小:6 像素,效果如图 4.5.7 所示。

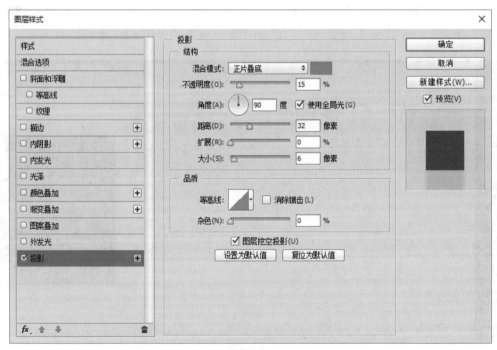

图 4.5.7

（8）效果如图 4.5.8 所示。

图 4.5.8

（9）置入素材"摩天轮""彩云 1""彩云 2"和"彩云 3"，效果如图 4.5.9 所示。

图 4.5.9

（10）新建空白图层，选择【画笔工具】 中的柔角画笔，填充颜色 #fcc800，调整画笔不透明度为 45%，绘制投影，效果如图 4.5.10 所示。

图 4.5.10

（11）新建文字图层，键入标题文本内容，填充颜色 #fa5786，双击图层打开【图层样式】面板，执行【投影】命令，混合模式：正片叠底；填充颜色 #ed0547；不透明度为 42%；角度：90；距离：11 像素；扩展：0%；大小：6 像素，如图 4.5.11 所示。

图 4.5.11

（12）继续执行【图层样式】面板中的【描边】命令，设置描边大小为 6 像素；位置：外部；填充颜色为 #ffffff，如图 4.5.12 所示。

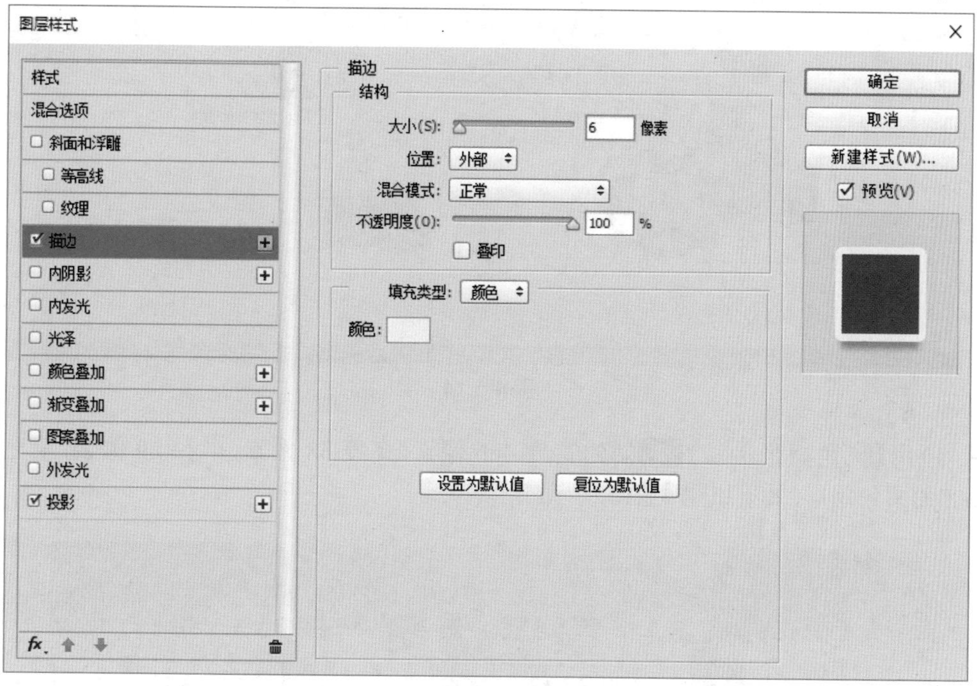

图 4.5.12

（13）效果如图 4.5.13 所示。

图 4.5.13

（14）按照先后顺序置入素材"翅膀""恐龙""婴儿""玩具 1""气球 1"和"气球 2"，效果如图 4.5.14 所示。

图 4.5.14

（15）用【圆角矩形工具】 ⬜️，创建宽度 466 像素，高度 58 像素，半径 29 像素，填充颜色 #1ea6df 的圆角矩形，效果如图 4.5.15 所示。

图 4.5.15

（16）创建新的文字图层，键入文本，填充颜色 #ffffff，效果如图 4.5.16 所示。

图 4.5.16

（17）创建新的标题文字图层，键入文本，填充颜色 #1ea6df，双击图层打开【图层样式】面板，执行【投影】命令，混合模式：正片叠底；填充颜色 #08bcf0；不透明度为 75%；角度：-2；距离：24 像素；扩展：0%；大小：5 像素，如图 4.5.17 所示。

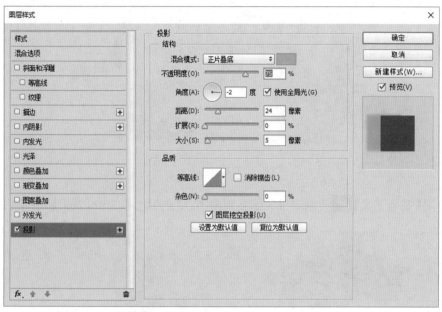

图 4.5.17

（18）继续执行【图层样式】面板中的【描边】命令，设置描边大小为 6 像素；位置：外部；填充颜色为 #000000，效果如图 4.5.18 所示。

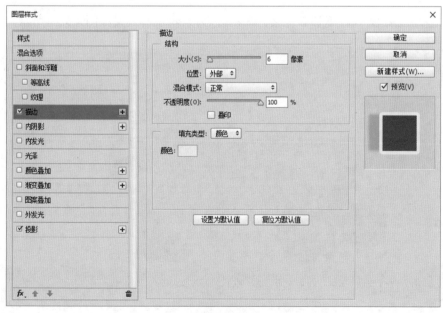

图 4.5.18

（19）效果如图 4.5.19 所示。

图 4.5.19

（20）用【钢笔工具】 绘制海报底部装饰图形，填充颜色 #b8fffc，效果如图 4.5.20 所示。

图 4.5.20

（21）复制该图形，并且下移 3 像素，修改颜色为 #36cbee，效果如图 4.5.21 所示。

图 4.5.21

（22）新建一个文件夹组，命名为"云朵"，置入素材"云朵 1"和"云朵 2"，并且通过复制和变换方向，达到以下效果，如图 4.5.22 所示。

（23）新建一个文件夹组，命名为"气球"，置入素材"气球 1"和"气球 2"，并且通过复制，达到以下效果，如图 4.5.23 所示。

图 4.5.22

图 4.5.23

（24）新建一个文件夹组，命名为"优惠券"，在"优惠券"文件夹组新建子文件夹组"优惠券 1"，在组内用【矩形工具】创建宽度 276 像素，高度 116 像素，填充颜色 #1ea6df 的矩形，效果如图 4.5.24 所示。

图 4.5.24

（25）新建文字图层，键入文本内容，填充颜色 #ffffff，如图 4.5.25 所示。

图 4.5.25

（26）复制"优惠券 1"2 次，如图 4.5.26 所示。

图 4.5.26

（27）新建一个文件夹组，命名为"分类栏"，用【钢笔工具】绘制分类栏背板，高度控制在 1000 像素以内，填充颜色 #008db1，如图 4.5.27 所示。

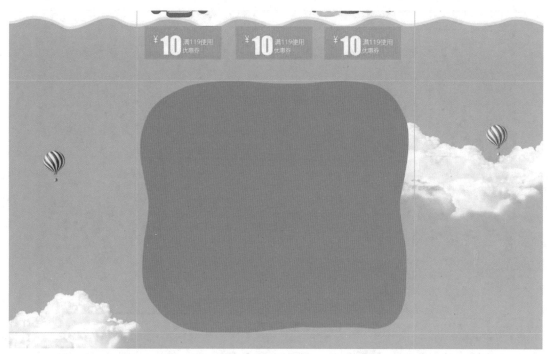

图 4.5.27

（28）复制该矩形，填充颜色 #ffffff，向左上方各移动 3 个像素，效果如图 4.5.28 所示。

图 4.5.28

（29）新建文字图层，键入文本内容，填充颜色 #00cbff，如图 4.5.29 所示。

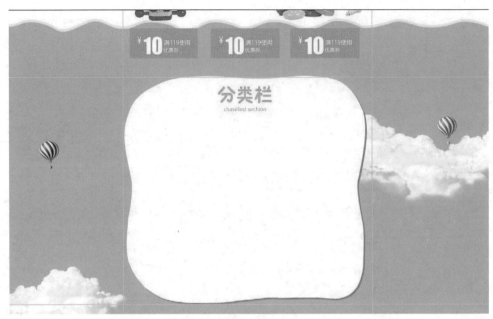

图 4.5.29

（30）用【圆角矩形工具】▢ 创建宽度 394 像素，高度 204 像素，半径 30 像素，填充颜色 #42d6ed 的圆角矩形，如图 4.5.30 所示。

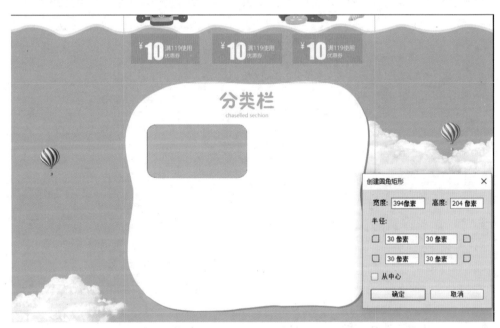

图 4.5.30

（31）置入素材"玩具 2"，新建文字图层，键入文本内容，填充颜色 #ffffff，效果如图 4.5.31 所示。

图 4.5.31

（32）用【圆角矩形工具】 创建宽度 96 像素，高度 32 像素，半径 16 像素，填充颜色无，描边颜色 #000000，描边大小 2 点的圆角矩形，如图 4.5.32 所示。

图 4.5.32

（33）新建文字图层，键入文本内容，填充颜色 #000000，如图 4.5.33 所示。

图 4.5.33

（34）用上述方法制作右侧产品展示版块，将背景色改为 #42edcf，如图 4.5.34 所示。

图 4.5.34

（35）用【圆角矩形工具】█，创建宽度 254 像素，高度 352 像素，半径 20 像素，填充颜色 #42afed 的圆角矩形，如图 4.5.35 所示。

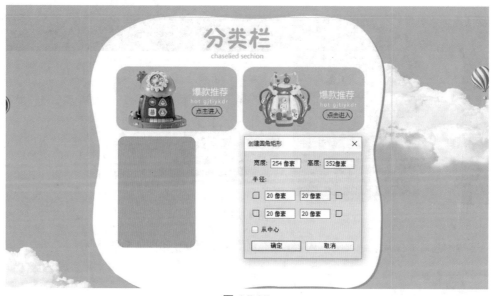

图 4.5.35

（36）置入素材"玩具 4"，新建文字图层，键入文本内容，填充颜色 #ffffff,，如图 4.5.36 所示。

图 4.5.36

（37）用【圆角矩形工具】 创建宽度 96 像素，高度 32 像素，半径 16 像素，填充颜色无，描边颜色 #000000，描边大小 2 点的圆角矩形，新建文字图层，键入文本内容，填充颜色 #000000，如图 4.5.37 所示。

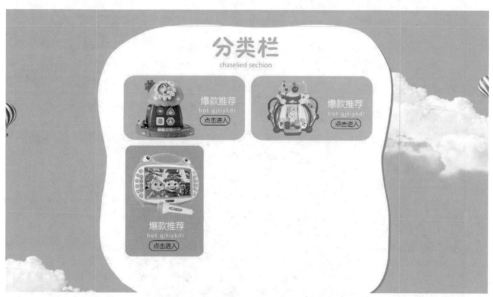

图 4.5.37

（38）用相同的方法制作剩余产品版块，并将背景色分别改为 #f9c72e 和 #68ebff，效果如图 4.5.38 所示。

图 4.5.38

（39）新建一个文件夹组，命名为"明星单品 1"，用【钢笔工具】 绘制版块背板，高度控制在 1300 像素以内，填充颜色 #008db1，如图 4.5.39 所示。

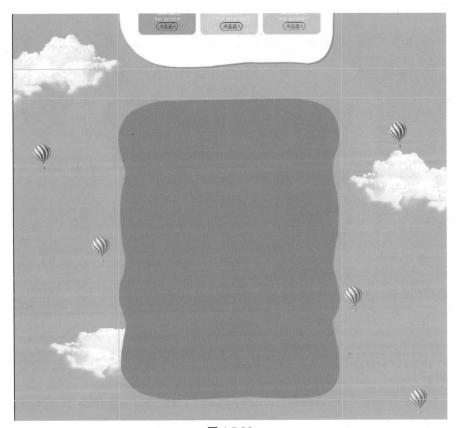

图 4.5.39

（40）复制该矩形，填充颜色 #ffffff，向左上方各移动 3 个像素，效果如图 4.5.40 所示。

图 4.5.40

（41）用【钢笔工具】绘制文字背板，填充颜色 #008db1，如图 4.5.41 所示。

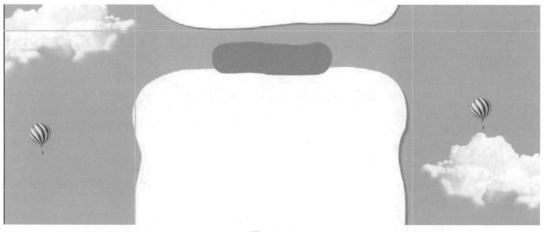

图 4.5.41

（42）复制该矩形，填充颜色 #ffffff，向左上方各移动 3 个像素，如图 4.5.42 所示。

图 4.5.42

（43）新建文字图层，创建版块标题文本，填充颜色 #00cbff，用文字变形工具 调整文字形状，如图 4.5.43 所示。

图 4.5.43

（44）在文件夹组"明星单品1"下创建子文件夹组，命名为"产品1"，置入素材"玩具4"；新建文字图层，键入文本，填充颜色 #000000，如图 4.5.44 所示。

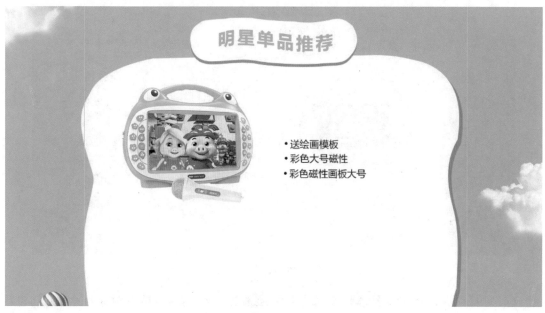

图 4.5.44

（45）新建文字图层，键入标题文本，填充颜色 #00cbff，如图 4.3.45 所示。

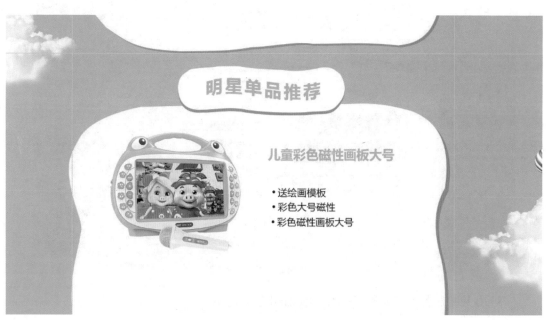

图 4.5.45

（46）创建新的文字图层，键入文本，填充颜色 #fc2739，如图 4.5.46 所示。

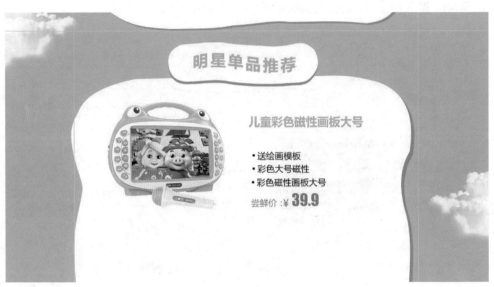

图 4.5.46

（47）用【圆角矩形工具】　和【钢笔工具】　制作文字背板，填充颜色 #fc2739；创建新的文字图层，键入文本，填充颜色 #ffffff，如图 4.5.47 所示。

图 4.5.47

（48）用上述方法制作剩余产品版块，如图 4.5.48 所示。

图 4.5.48

（49）复制"明星单品 1"版块，如图 4.5.49 所示。

图 4.5.49

（50）新建一个文件夹组，命名为"页尾"，用形状工具和文字工具制作返回首页按钮，如图4.5.50所示：

图 4.5.50

至此，淘宝婴幼儿玩具店铺首页制作完成，效果如图 4.3.2 所示。

本任务通过对淘宝婴幼儿玩具店铺首页的设计，对网店海报设计思路具有初步了解，对网店海报方案的制作有了初步认识，同时也掌握了网店海报设计的各项原则。

设计一款婴幼儿服装店铺首页，要求版式布局童趣活泼，色彩搭配丰富艳丽。

项目五　淘宝瓷器店铺宝贝详情页设计

随着电子商务的迅猛发展,淘宝网成为区别于实体店的互联网视觉营销,其网站运作完全依赖于互联网。网店产品价值的塑造是淘宝卖家装修网店吸引买家的一个非常重要的手段。所以网店产品价值的塑造同时具有科学性、艺术性,同其目的性结合起来,因而加强买家对网店的购买热情,能够增强买家的粉丝忠实度。通过实现淘宝瓷器店铺宝贝详情页设计,学习淘宝详情页设计相关知识,了解淘宝详情页的设计方法。在任务实现过程中:

- 了解淘宝详情页的作用。
- 了解制作淘宝详情页的前期准备。
- 了解淘宝详情页的设计元素。
- 了解淘宝详情页的设计原则。
- 掌握淘宝详情页的设计技巧。

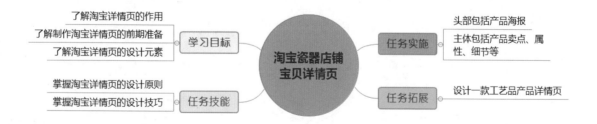

【情境导入】

网络购物作为一种全新的购物模式,在我们日常生活中逐渐兴起。作为一个虚拟的网络平台,购买者并未和物品的实体进行接触,也缺少直接的购物体验。但网络购物与传统零售业相比,也有着无法比拟的便捷和方便。产品详情页的设计是否合理对消费者购买决策影响重大。在新媒体和新技术手段支持下,如何利用互联网与交互技术,结合产品自身的特点及优势,从而提升转化率,是淘宝美工应当掌握的职业技能。本项目将以淘宝瓷器店铺宝贝详情页设计为例,展示如何应用这些新媒介、新技术条件下的传播方式,实现全方位、多感官的信息传播,以便为消费者提供安全可靠的服务。

【功能描述】

● 使用淘宝布局要素来设计瓷器店铺宝贝详情页。

● 头部包括产品的海报。

● 主体包括产品卖点、属性、细节展示等。

【基本框架】

基本框架如图 5.3.1 和图 5.3.2 所示。通过本次任务的学习,能将框架图 5.3.1 和图 5.3.2 转换成效果图 5.3.3 和图 5.3.4 所示。

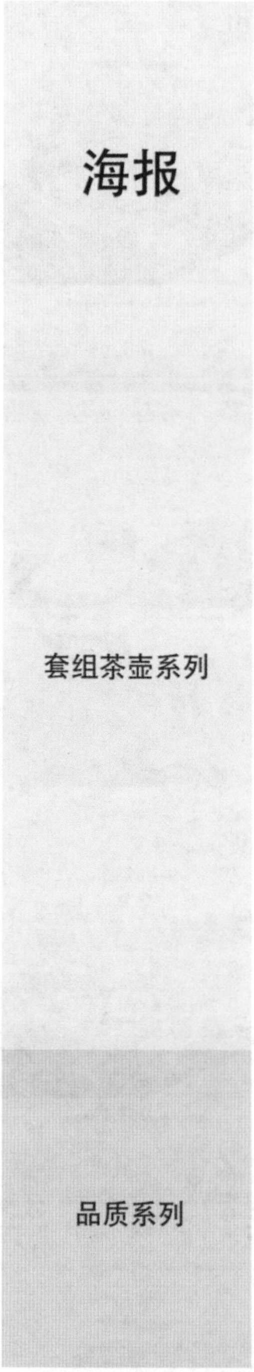

海报

套组茶壶系列

品质系列

图 5.3.1

款式1

款式2

图 5.3.2

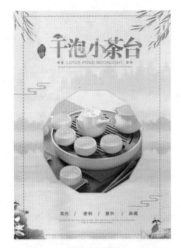

图 5.3.3

图 5.3.4

技能点 1　淘宝详情页的作用

淘宝详情页是提高转化率的入口,激发消费者的消费欲望,树立消费者对店铺的信任感,打消消费者的消费疑虑,促使消费者下单。优化宝贝详情对转化率有提升的作用,但是起决定性作用的还是产品本身。

具体到详情页的构成要素来说,产品海报用以引起消费者的注意;产品全景图有利于提升消费者的购买兴趣;痛点(一般指用户为了更好的生活而中途碰到的问题)的挖掘可以拉近与消费者的距离;卖点优势体现产品价值;产品属性功能和细节展示便于消费者更加深入地了解产品;检测报告的展示能够增强消费者的信任感;好评分享展示刺激消费者进一步加强购买欲望。淘宝详情页构成框架如图 5.4.1 所示。

淘宝详情页的构成框架

创意海报情景大图	Ⓐ 根据网上流传前三屏3秒注意力原则,开头的大图是视觉焦点,背景应该采用能够展示品牌调性以及产品特色的意境图,可以第一时间吸引买家注意力。
宝贝卖点/特性	Ⓑ 根据FAB法则排序(关于FAB、具体可以百度) F (特性) →A (作用) →B (好处) Feature (特性): 产品品质,即指服装布料、设计的特点;即一种产品能看得到、摸得着的东西,产品与众不同的地方。 Advantage (作用): 从特性引发的用途,即指服装的独特之处;就是这种属性将会给客户带来的作用或优势。
宝贝卖点/作用/功能	Benefit (好处): 是指作用或者优势会给客户带来的利益,对顾客的好处(因客而异)。 例如一台空气净化器:特点:静音,采用获得某国际认证的材料构成等。作用:可以比同行加倍除尘除甲醛等空气有害物质。好处:给消费者带来安全安静的呼吸环境,减少呼吸疾病的困扰。
宝贝给消费者带来的好处	卖点中出现的数字部分,比如销量突破5万,50000这个数字要放大加粗制造劲爆的效果和氛围。

图 5.4.1

详情页的描述基本遵循以下顺序:引发兴趣 → 激发潜在需求 → 赢得消费信任 → 替客户做决定。

技能点2　制作淘宝详情页的前期准备

设计宝贝详情页之前要充分进行市场调查,同行业调查,规避同款。同时也要做好消费者调查,分析消费者人群,分析消费者的消费能力,消费的喜好,以及消费者购买所在意的问题等。

1　进行市场调查

通过阿里指数(http://index.1688.com)可以清楚地查到消费者的一切喜好以及消费能力、地域等很多数据,学会利用这些数据对优化详情页很有帮助。另外"生E经"等付费软件也有一些分析功能。

2　了解消费者最在意的问题

可以去宝贝评价里面找,在买家评价里面可以挖出很多有价值的东西,了解买家的真实需求以及购买后遇到的问题等。

3　调查结果及产品分析

首先,据市场调查结果以及自己的产品进行系统的分析总结,罗列出消费者所在意的问题,同行的优缺点,以及自身产品的定位。然后,根据店铺产品以及市场调查的结果来确定本店的消费群体。最后,针对消费群体挖掘出本店与众不同的卖点,关于产品卖点的范围非常广泛,比如:卖价格、卖款式、卖文化、卖感觉、卖服务、卖特色、卖品质、卖人气,等等。

技能点3　淘宝详情页的设计元素

淘宝美工要根据消费者分析、自身产品卖点的提炼以及宝贝风格的定位来准备所用的设计元素。这些设计元素包括配色、字体、文案、构图、排版以及氛围。一般来说,详情页上半部分诉说产品价值,后半部分培养消费者的消费信任感。对于消费信任感不光通过各种证书,品牌认证的图片来树立。使用正确的颜色,字体,还有排版结构,这些对赢得消费者消费信任感也会起到重要的作用。详情页每一块组成都有它的价值,都要经过仔细的推敲和设计。

如何对详情页内容进行排版设计,是考验淘宝美工职业水平的地方。页面风格主要根据产品本身来定;素材搜集的渠道可以通过前期实拍或者素材库的搜集而获得;页面框架可以根据文案内容,结合实际产品,进行有效的布局建立;配色方案可以依据已有的店铺视觉规范直接延续使用,或者从产品本身、品牌 logo、产品联想属性中提取;页面字体相当于一个桥梁,相当重要。他对产品起到解释说明,方便顾问阅读,同时也是重要信息的引导作用。所以字体的使用一般不超过三种,重点部分加粗突出,注意字体颜色的深浅不要太复杂,以免影响阅读。对于初学者而言,越是简约大气的页面,元素务必不要太多,清爽舒适的页面多是适当留白,参考优秀案例,多多借鉴和学习。

技能点 4　淘宝详情页的设计原则

1　把所有的消费者都当作非专业人士

不要理所当然的认为消费者应当知道关于产品的任何信息,要把所有的消费者都当作非专业人士,假设消费者对产品是一无所知的,关于产品的性能和细节都应在详情页条理清晰的展示清楚。

2　遵循 3 秒钟注意力原则

每个消费者在寻找自己需要的产品的时候,面对的选择非常多。如果产品在开头的 3 秒钟不能给消费者留下深刻的印象,没有让他明确地感觉到这个产品可以满足他的需求,那么,有很大的可能就是在 3 秒钟之后,在消费者随便扫了 2 眼之后,觉得这个产品没有吸引力,就会关掉页面。所以,在详情页开头的 3 秒吸引客户的注意力是至关重要的。

3　产品详情前 3 屏决定买家是否购买商品

现代社会人们生活节奏在不断加快,从这个角度出发,设计详情页的前提是确保客户可以用最短的时间确认当前页面的产品到底是不是他真正需要购买的。所以,在淘宝详情页的前 3 屏就基本上决定了客户是否会购买他所浏览的这个商品。

4　产品详情一定要有情感营销的因素在,且能引起买家的共鸣

当人们看一样事物,要是这个事物能跟人们产生共鸣,能有相同的理念得到认同,那么人们会很快接受这个事物。一切的购买行为都是建立在信任的基础上的,当消费者在感情上认同产品的时候,转化率会大大提升。

5　消除一切使买家分心或者暂缓购买的内容

不要在主推的商品里面加入太多的关联销售的内容。在开始主推单品的阶段,每一个流量都是宝贵的,不要让消费者分心,最好是不要在详情页里面加关联销售的内容,让消费者能够专心看完产品介绍,尽量促成主推产品的成交,否则太多的关联销售,会造成消费者分心,结果是大大降低成交率。

6　商品的卖点只有一个,而且要反复不断地告诉消费者

一个人对一个事物的感觉,第一印象是非常重要的,网店美工要做的就是让消费者的第一印象尽可能的深刻,从而加深消费者对产品的认可度。不断重复强调产品的中心卖点,挖掘产品特别突出的地方,而且这个特点是优于竞争对手的。

技能点 5　淘宝详情页的设计技巧

在制作详情页中美观不是第一要素,只突出图片的美好是没有用的,而是要用符合产品与消费者需求的内容才能激发购买欲。做一张能够带来转化率的详情页可以从以下几个方面入手。

1　首屏具有吸引性

第一张图一定要吸引眼球,让消费者有继续点下去的想法。可以采用关联销售、实力展现、产品主图、促销图等方式,但是最主要的一点就是必须得是消费者关注的。可以通过买家的评价找到答案,不管是好评还是差评其中买家提到最多的也就是最为关心的问题,那么就可以从这方面入手来做首屏图。

2　产品价值

如何在淘宝琳琅满目的产品中脱颖而出,塑造产品自身价值,可以从以下几点入手:

(1)产品本身的特点:原材料、大小、形状、颜色、款式、品质、原产地等;

(2)附加值:赠品、包装、售后等 。

(3)品牌概念:自己独特的风格。

(4)唯一性基点。

3　挖掘痛点

痛点就是原始需求中被大多数人反复表述过的一个有待产品去解决的问题、有待去实现的愿望。消费者什么时候购买欲望是最迫切的? 一定是有需求的时候,而消费者在特定的场景下需求一定是非常旺盛的。例如,销售台灯的店铺一定会去思考消费者在什么样的情况下会想要购买台灯? 一定是晚上想熬夜工作,但是家里人要休息,如果开灯的话会影响别人休息,所以需要买台灯。所以详情页设计中,就可以尝试把消费者带入这样的场景中:熬夜工作,影响了宿舍的同学、家人等的休息,而购买台灯可以解决这个痛点。

4　速战速决

速战速决就是通过活动的设计,比如限时、限量等,尽可能地促进转化。

5　突出特色

有些商品的特色并不止一个,要将这些全都放上未免会太繁琐,而且消费者也记不住。那么就可以找出最为突出的特点,强化唯一的核心卖点,然后用辅助卖点进行扶植。比如:女装类目中 A 产品全篇在反复强调一点:衣服修身;而 B 产品则是强调面料好、款式新、修身、细节好。对于这两种产品的记忆效果,消费者一定会记住 A 产品。想要通过详情页得到转化的技巧之一就是用能够吸引消费者的特点来抓住买家。

通过下面的操作,实现图 5.3.3 和图 5.3.4 所示的淘宝瓷器店铺宝贝详情页的效果。

(1)打开 Photoshop 软件,单击【文件】→【新建】命令或按 Ctrl+N 快捷键,新建一个名为"淘宝瓷器店铺宝贝详情页"的 RGB 模式,"宽度"和"高度"分别为 750 像素和 8282 像素,"分辨率"为 72 像素 / 英寸、"背景内容"为"白色"的文件。如图 5.5.1 所示。

新建		✕
名称(N):	淘宝瓷器店铺宝贝详情页	确定
文档类型:	自定	取消
大小:		存储预设(S)...
宽度(W):	750　　像素	删除预设(D)...
高度(H):	8282　　像素	
分辨率(R):	72　　像素/英寸	
颜色模式:	RGB 颜色　　8 位	
背景内容:	白色	图像大小:
高级		17.8M
颜色配置文件:	工作中的 RGB: sRGB IEC619...	
像素长宽比:	方形像素	

图 5.5.1

(2)新建一个文件夹组,命名为"海报"。在组内用【矩形工具】 ▢ 创建宽度 750 像素,高度 1050 像素,填充颜色为 #e7e7e7 的矩形置于画面最上方,并且将图层命名为"矩形 1"。如图 5.5.2 所示。

图 5.5.2

（3）置入素材"海报背景"，将图层不透明度调为 50%，选择该图层点击鼠标右键执行【创建剪贴蒙版】命令，效果如图 5.5.3 所示。

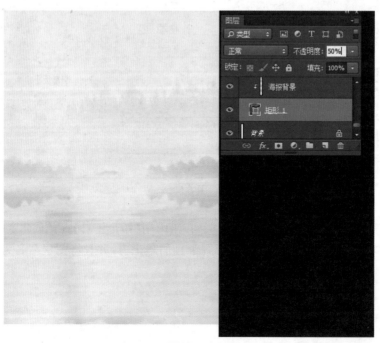

图 5.5.3

（4）选择图层面板【创建新的填充或调整图层】命令中的【黑白】命令,选择该图层点击鼠标右键执行【创建剪贴蒙版】命令,效果如图 5.5.4 所示。

图 5.5.4

（5）用【矩形工具】■创建宽度 650 像素,高度 1006 像素,填充颜色无,描边颜色 #699e58,描边大小 3 点,描边类型为虚线的矩形,效果如图 5.5.5 所示。

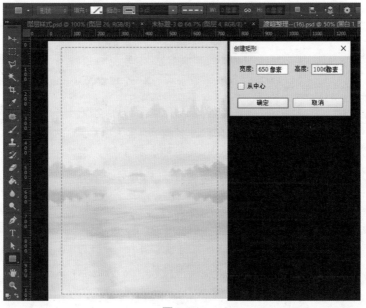

图 5.5.5

（6）在文件夹组"海报"内新建子文件夹组，命名为"主图"，在组内用【多边形工具】创建宽度470像素，高度470像素，填充颜色#ffffff，边数为12的多边形，效果如图5.5.6所示。

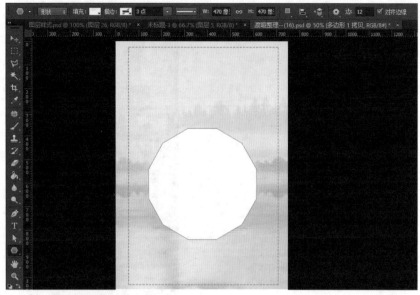

图 5.5.6

（7）双击该多边形图层打开【图层样式】面板，执行【投影】命令，混合模式：正片叠底；填充颜色#000000；不透明度为26%；角度：30；距离：1像素；扩展：15%；大小：8像素，如图5.5.7所示。

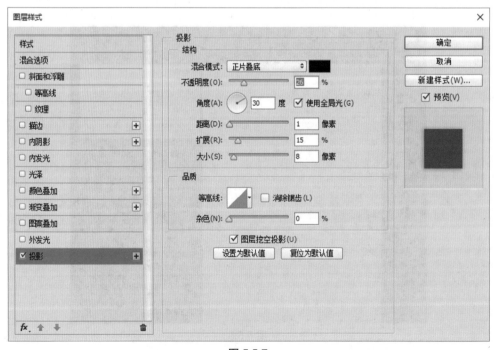

图 5.5.7

（8）置入素材"海报茶具"，选择该图层点击鼠标右键执行【创建剪贴蒙版】命令，效果如图 5.5.8 所示。

图 5.5.8

（9）在文件夹组"海报"内新建子文件夹组，命名为"荷塘"。新建文字图层，创建标题文本，填充颜色 #34893b，效果如图 5.5.9 所示。

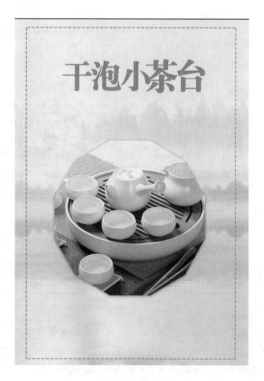

图 5.5.9

（10）置入素材"荷花"，选择该图层点击鼠标右键执行【创建剪贴蒙版】命令，效果如图 5.5.10 所示。

图 5.5.10

（11）置入素材"荷叶""印章"；新建文字图层，创建副标题文本，填充颜色 #7aac47；用【多边形工具】◉创建三角标，填充颜色 #7aac47，如图 5.5.11 所示。

图 5.5.11

（12）用【直线工具】 ![](绘制文字下划线，填充颜色 #7aac47，描边粗细 2 像素，效果如图 5.5.12 所示。

图 5.5.12

（13）置入素材"荷花 2"，并且复制一份，分别放置在海报的左、右下角，为这两个图层添加【图层蒙版】，将超出海报的部分用黑色隐藏，效果如图 5.5.13 所示。

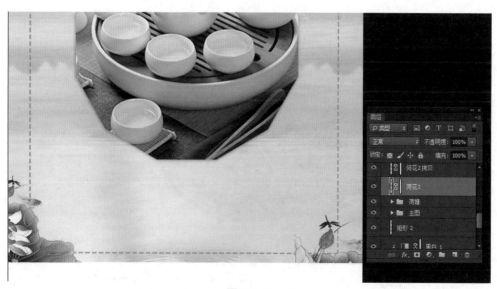

图 5.5.13

（14）在文件夹组"海报"内新建子文件夹组，命名为"诗词"，在组内创建新的文字图层，键入中文和英文文本，填充颜色 #838383，效果如图 5.5.14 所示。

图 5.5.14

（15）在文件夹组"海报"内新建子文件夹组，命名为"装饰"，置入素材"线条"，"树叶 1"和"树叶 2"，拷贝素材"线条"，将这些素材放置在合适的位置。海报部分制作完成，效果如图 5.5.15 所示。

图 5.5.15

（16）新建一个文件夹组，命名为"套组茶盘·系列"。新建文字图层，创建标题文本，填充

颜色 #000000；用【直线工具】 ✒ 绘制装饰线，填充颜色 #000000，效果如图 5.5.16 所示。

图 5.5.16

（17）用【矩形工具】 ▣ 创建四个文字背板，填充颜色 #b0b0b0；新建文字图层，创建副标题文本，填充颜色 #ffffff，效果如图 5.5.17 所示。

图 5.5.17

（18）在文件夹组"套组茶盘·系列"内创建子文件夹组，命名为"茶盘 1"；用【矩形工具】 ▣ 创建宽度 950 像素，高度 666 像素，颜色填充无，描边填充 #dfdfdf，描边大小 1 像素的矩形，如图 5.5.18 所示。

图 5.5.18

（19）置入素材"茶盘"，效果如图 5.5.19 所示。

图 5.5.19

（20）新建文字图层，键入文本，填充颜色 #666666，效果如图 5.5.20 所示。

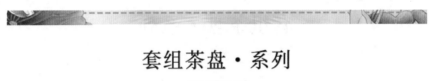

图 5.5.20

（21）复制"茶盘 1"文件夹组，效果如图 5.5.21 所示。

图 5.5.21

（22）新建文字图层,选择书法字体键入文本内容,填充颜色 #333333,效果如图 5.5.22 所示。

图 5.5.22

（23）新建一个文件夹组，命名为"茶壶"，创建多个文字图层，填充颜色 #333333，如图 5.5.23 所示。

精湛的工艺·不一样的品质

Tea sets tea tray from soup to nuts. Suit has tea set,tea tray,tea accessories, a set of can have the tea world

釉色的精湛

天然陶土，取于自然，承于自然

图 5.5.23

（24）置入素材"茶壶 1"和"茶壶 2"，效果如图 5.5.24 所示。

精湛的工艺·不一样的品质

Tea sets tea tray from soup to nuts. Suit has tea set,tea tray,tea accessories, a set of can have the tea world

釉色的精湛

天然陶土，取于自然，承于自然

图 5.5.24

（25）新建文字图层，键入直排文字 T，填充颜色 #7f8c6e，如图 5.5.25 所示。

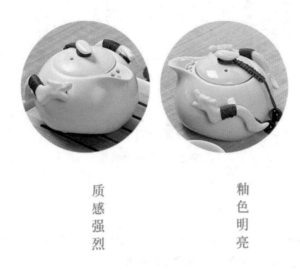

图 5.5.25

（26）继续新建文字图层，键入直排文字 T，填充颜色 #333333，如图 5.5.26 所示。

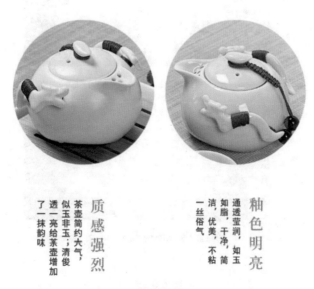

图 5.5.26

（27）新建一个文件夹组，命名为"品质系列"，新建文字图层，键入标题文字，填充颜色#333333；用【直线工具】✏绘制装饰线，填充颜色#333333，如图5.5.27所示。

质感强烈

茶壶简约大气，
似玉非玉；清俊
透一亮给茶壶增加
了一抹韵味

釉色明亮

通透莹润，如玉
如脂，干净，简
洁，优美，不粘
一丝俗气

品质升级

器形之美 匠心而制

图5.5.27

（28）置入素材"品质产品"于画面右侧，复制一份放置在它的下方；创建文字图层，键入产品描述标题及文本，填充颜色#333333，如图5.5.28所示。

品质升级

器形之美 匠心而制

高温烧制

用上好的德华高岭土，在1380度高温下烧制出来的器物

竹板升级

采用三层竹板，竹面经过三次的打磨处理，做工精致。

图5.5.28

（29）新建一个文件夹组,命名为"款式 1",用【直线工具】 和【文字工具】制作版块标题框,填充颜色 #333333,如图 5.5.29 所示。

图 5.5.29

（30）新建文字图层键入文本内容,填充颜色 #333333,如图 5.5.30 所示。

图 5.5.30

（31）用【矩形工具】 创建宽度 716 像素,高度 528 像素,颜色填充无,描边填充 #b0b0b0,描边大小 1 像素的矩形,如图 5.5.31 所示。

图 5.5.31

　　（32）置入素材"白色日月系列"；新建文字图层键入产品描述内容，填充颜色 #333333，如图 5.5.32 所示。

图 5.5.32

　　（33）置入素材"龙浔系列"；新建文字图层键入产品描述内容，填充颜色 #333333，如图 5.5.33 所示。

图 5.5.33

（34）用【矩形工具】■创建宽度 716 像素，高度 85 像素，颜色填充无，描边填充 #b0b0b0，描边大小 1 像素的矩形，如图 5.5.34 所示。

图 5.5.34

（35）新建文字图层，键入文本，分别填充颜色 #eb0d27、#666666，如图 5.5.35 所示。

图 5.5.35

（36）在"款式 1"文件夹组创建子文件夹组，命名为"白色大号"，键入文本内容，填充颜色 #666666，如图 5.5.36 所示。

长10cm 高6.2cm   长10cm 高6.2cm   长10cm 高6.2cm   长10cm 高6.2cm
容量：180cm   容量：180cm   容量：180cm   容量：180cm

套餐内容
1茶壶、1茶海、6茶杯、1茶滤网、2杯垫、1茶巾、1茶夹、1茶盘

【白色】大号日用
PRODUCT DISPLAY

图 5.5.36

（37）用【直线工具】／和【多边形工具】⬡创建装饰线框，填充颜色 #666666，如图 5.5.37 所示。

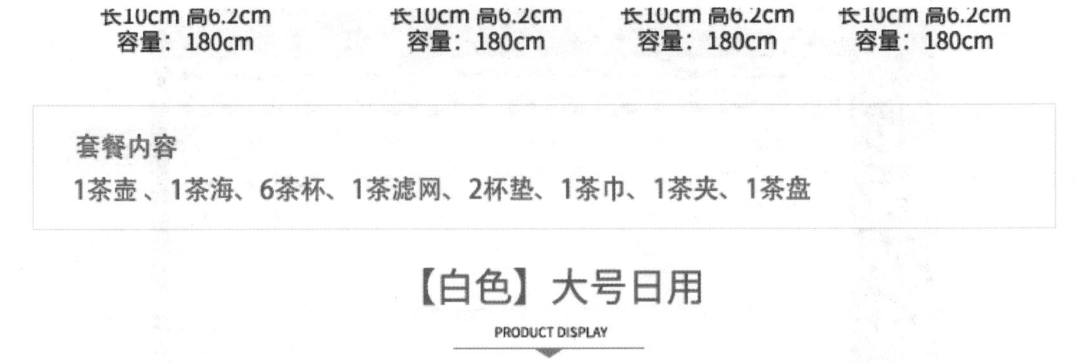

长10cm 高6.2cm 容量：180cm　　长10cm 高6.2cm 容量：180cm　　长10cm 高6.2cm 容量：180cm　　长10cm 高6.2cm 容量：180cm

套餐内容
1茶壶 、1茶海、6茶杯、1茶滤网、2杯垫、1茶巾、1茶夹、1茶盘

【白色】大号日用
PRODUCT DISPLAY

图 5.5.37

（38）置入素材"白色茶盘 1"和"白色茶盘 2"；新建文字图层，键入文本内容，填充颜色 #333333，如图 5.5.38 所示。

【白色】大号日用
PRODUCT DISPLAY

茶盘尺寸：25cm×25cm×5.9cm

白色完整茶盘　　　　　　　双层结构

图 5.5.38

（39）用【自由形状工具】制作宽度 24 像素，高度 24 像素的图标，填充颜色 #333333，如图 5.5.39 所示。

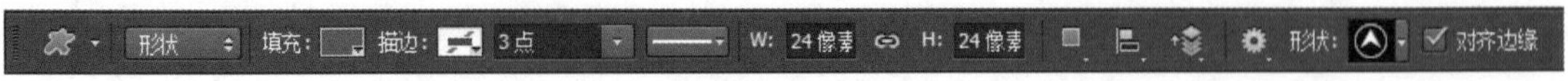

图 5.5.39

（40）用【矩形工具】创建宽度 717 像素，高度 429 像素，填充颜色 #f3f3f3 的矩形，效果如图 5.5.40 所示。

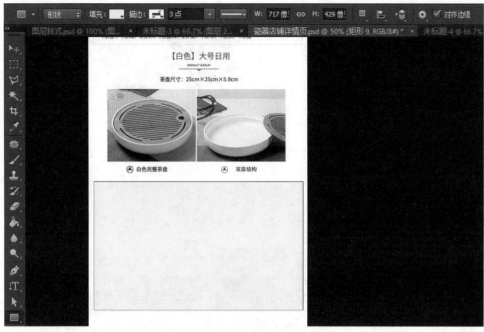

图 5.5.40

（41）置入素材"白色茶壶"，如图 5.5.41 所示。

图 5.5.41

（42）创建文字图层，键入图片标题和产品描述文本，填充颜色 #333333，如图 5.5.42 所示。

器意

器形之美 匠心而制 简单方便 随意使用

Tea sets tea tray from soup to nuts. Suit has tea set,tea tray,tea accessories,
a set of can have the tea world

图 5.5.42

（43）用上述方法制作"款式 2"，效果如图 5.5.43 所示。

至此，淘宝瓷器店铺宝贝详情页制作完成，效果如图 5.3.3 和图 5.3.4 所示。

白色日月+侧把系列

产品展示
PRODUCT DISPLAY

器形之美 匠心而制 简单方便 随意使用

Tea sets tea tray from soup to nuts. Suit has tea set,tea tray,tea accessories.
a set of can have the tea world

龙浔茶壶	茶海	茶杯	茶滤网
长10cm 高6.2cm	长10cm 高6.2cm	长10cm 高6.2cm	长10cm 高6.2cm
容量：180cm	容量：180cm	容量：180cm	容量：180cm

套餐内容
1茶壶、1茶海、6茶杯、1茶滤网、2杯垫、1茶巾、1茶夹、1茶盘

【白色】大号日用
PRODUCT DISPLAY

图 5.5.43

本任务通过对淘宝瓷器店铺宝贝详情页的制作,对淘宝详情页的作用具有初步了解,对淘宝详情页的设计思路和设计元素有了初步认识,同时也掌握了淘宝详情页的设计原则。

设计一款工艺品产品详情页,要求版式布局结构清晰,产品描述详尽,卖点突出,色彩搭配协调统一。

项目六 淘宝运动鞋店铺手机端首页设计

信息社会的来临使移动交互应用媒介和虚拟网络模式为主的消费方式不受时间、地点的限制,得到人们的青睐。随着网上购物人群数量的增多,促进了国内各大网站(淘宝、京东、唯品会等)的业务发展,这些网站都拥有自己对应的手机客户端软件便于用户通过手机网上购物。通过实现淘宝运动鞋店铺手机端首页设计,学习淘宝店铺手机端设计相关知识,了解淘宝店铺手机端页面的设计表现方法。在任务实现过程中:

● 了解淘宝店铺手机端与 PC 端的区别。
● 了解淘宝手机端首页设计要素。
● 了解淘宝手机端首页设计原则。

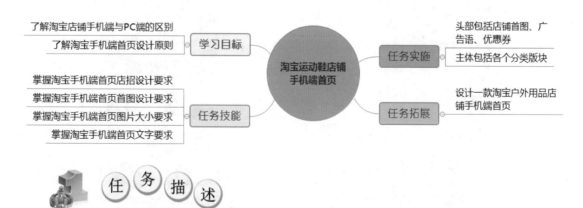

【情境导入】

手机在我们的日常生活中有着无法取代的地位,甚至有一种说法,手机已经成了我们身体上的一个器官,找不到手机几分钟就会有烦躁情绪产生。2016 年,天猫"双十一"当天交易额超 1207 亿元,无线成交占比近 82%。移动互联网时代已经来临,并迅猛发展着,因此手机淘宝的时间设计必将成为重中之重,这是设计师需要清晰认识的。无线端购物是电商发展的大趋势,随着淘宝业务向无线端倾斜,无线浏览拉开新一轮商家竞争大赛的序幕。一个拥有漂亮外观且用户体验好的手机店铺是促成订单成交的重要因素之一。要想抢占流量高地,手机店铺的装修是不可缺少的一战。本项目将以淘宝运动鞋店铺手机端首页设计为例,展示如何应用这些新媒介、新技术条件下的传播方式,得以实现全方位、多感官地信息传播,以便为消费者提供好安全可靠的服务。

【功能描述】

- 使用淘宝布局要素来设计淘宝运动鞋店铺手机端首页。
- 头部包括店铺的首图、广告语、优惠券。
- 主体包括产品分类版块。

【基本框架】

基本框架如图 6.3.1 所示。通过本次任务的学习,能将框架图 6.3.1 转换成效果图 6.3.2 所示。

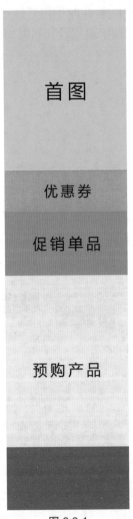

图 6.3.1

图 6.3.2

技能点 1　淘宝店铺手机端与 PC 端的区别

1　尺寸的不同

手机屏幕的大小要求着手机淘宝装修的尺寸,尺寸的不合适会造成界面混乱,浏览效果不佳问题。

2　布局的不同

手机淘宝更加符合受众的需求,要做到快时间预览,快速阅读,操作方便,消费者碎片化消费,这就决定了布局要简洁、明了,摒弃不必要的过多的装饰。

3　详情的不同

电脑端会通过较多的文字说明产品的卖点、店铺促销和优惠等信息,但手机淘宝详情要使用简洁的文字,适当的图片信息将详情阐述。

4　分类的不同

分类结构要明确,模块划分清晰,体现少而精的特点,最好以图片突出体现为主。

5　配色的不同

很多电脑端会用深色系体现店铺风格和高大上的品质等,而手机端由于浏览面积小,视觉受限,因此店铺颜色要鲜亮,才能使消费者有愉悦感。

技能点 2　淘宝手机端首页设计要素

与电脑端从左到右的浏览习惯不一样,手机端的屏幕较小,浏览习惯一般是从上到下。如果都是双列宝贝,或者用双列图片展示宝贝,用户的兴趣度和体验趣味性就会大大降低。利用无线装修,可以巧用各种大模块的组合,像焦点图和左文右图及多图等模块,使手机淘宝首页显得更有趣味性。

1 店招的设计

淘宝手机端店铺的店招规格尺寸是 642 像素 ×200 像素，图片类型支持 jpg、jpeg、png 等格式。

2 首图模块设计

淘宝手机端店铺的首图设计和电脑端的首焦海报设计道理是一样的，需要注意的是，由于手机屏幕较小，无论是产品还是促销图设计，主题要简明、突出，吸引浏览者的目光。首图模块图片最多 4 个，最少 1 个，尺寸建议 608 像素 ×304 像素，图片类型 jpg、png 等格式。可尝试用来展示店铺优惠活动促销内容或者主推宝贝等。

3 图片大小要求

宽度 480~620 像素，高度小于等于 960 像素。图片类型支持 jpg、jpeg、png、gif 等格式。

4 文字要求

中文字体大于等于 30 号字；英文和阿拉伯数字大于等于 20 号字。当需要添加的文字太多时，建议使用纯文本的方式编辑，这样看起来更清晰。

技能点 3 淘宝手机端首页设计原则

（1）页面要确保能极速打开，由于手机端流量的限制，不要出现打开产生无法呈现产品图片现象。

（2）产品信息要通过简洁、有力的方式，能够快速传播给消费者。

（3）店铺设计主题和店铺风格在视觉效果上要相互结合、协调统一、首尾呼应。

（4）保持更新常态，要根据不同的活动内容和促销目的，展示不同的设计风格，增强给买家的新鲜感。

（5）产品分类结构要明确清晰，模块划分合理，多以图片为主。

（6）文字设计方面，要便于消费者快速读取，注意控制文字大小，在页面整体效果上还是多以图片为主。

通过下面的操作，实现图 6.3.2 所示的淘宝运动鞋店铺手机端首页的效果。

（1）打开 Photoshop 软件，单击【文件】→【新建】命令或按 Ctrl+N 快捷键，新建一个名为"淘宝运动鞋店铺手机端首页"的 RGB 模式，"宽度"和"高度"分别为 640 像素和 3134 像素，分辨率为 72 像素 / 英寸、"背景内容"为"白色"的文件。如图 6.5.1 所示。

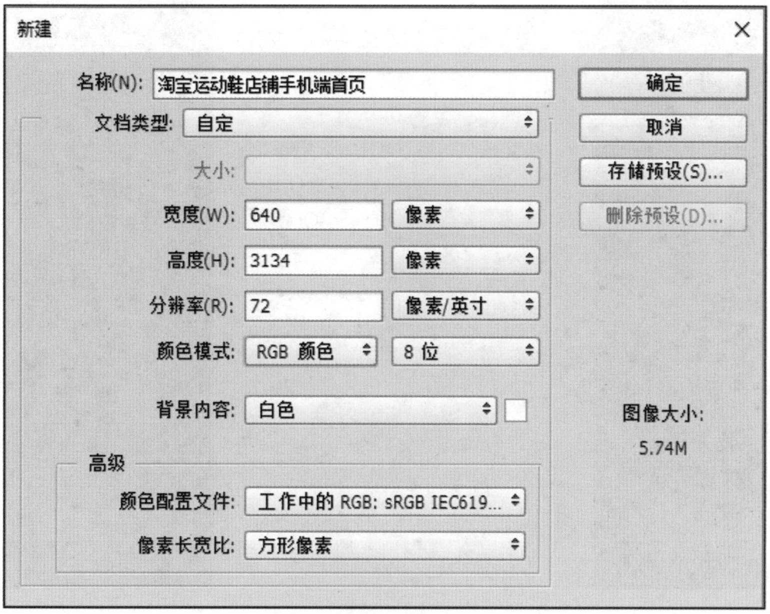

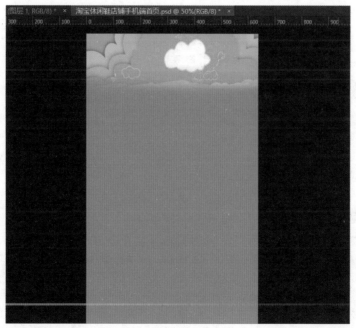

图 6.5.1

（2）新建一个文件夹组，命名为"首图"，执行快捷键 Ctrl+R，打开【标尺】，从水平方向拉出一条距离画面顶部 980 像素的参考线（这条参考线用来确定首图的高度）。置入素材"云"，为该图层添加【图层蒙版】，用黑色柔角画笔抹去多余像素，效果如图 6.5.2 所示。

图 6.5.2

（3）置入素材"花朵"，如图 6.5.3 所示。

图 6.5.3

　　（4）置入素材"618"，双击图层打开【图层样式】面板，执行【投影】命令，混合模式：正片叠底；填充颜色 #0089c8；不透明度为 75%；角度：120；距离：5 像素；扩展：0%；大小：5 像素，如图 6.5.4 所示。

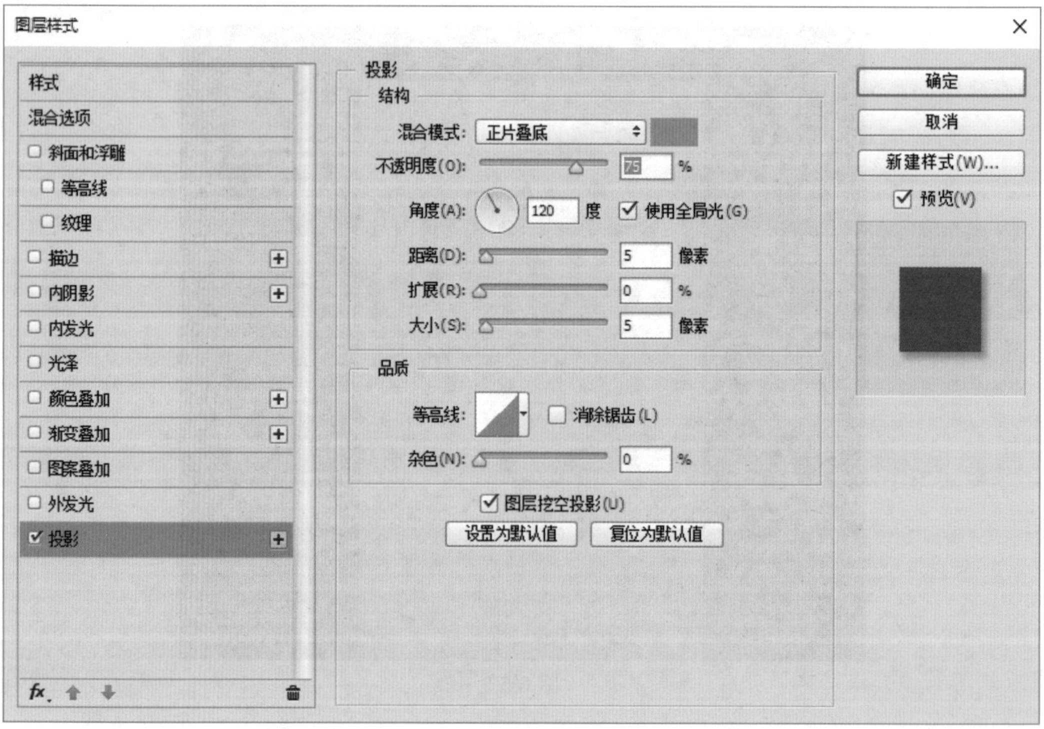

图 6.5.4

（5）效果如图 6.5.5 所示。

图 6.5.5

（6）用【钢笔工具】 绘制不规则形状，如图 6.5.6 所示。

图 6.5.6

（7）选择该图层，双击图层打开【图层样式】面板，执行【渐变叠加】命令，混合模式：正常；角度 90 度；渐变色标从左到右依次为：#85d370、#0087c4，如图 6.5.7 所示。

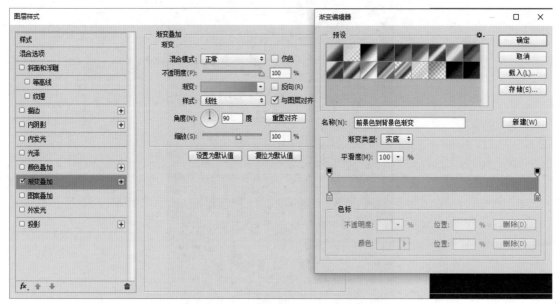

图 6.5.7

（8）效果如图 6.5.8 所示。

图 6.5.8

（9）用【钢笔工具】 绘制不规则形状，如图 6.5.9 所示。

图 6.5.9

（10）选择该图层，双击图层打开【图层样式】面板，执行【渐变叠加】命令，混合模式：正常；角度 112 度；渐变色标从左到右依次为：#0089c8、#bbf44d，如图 6.5.10 所示。

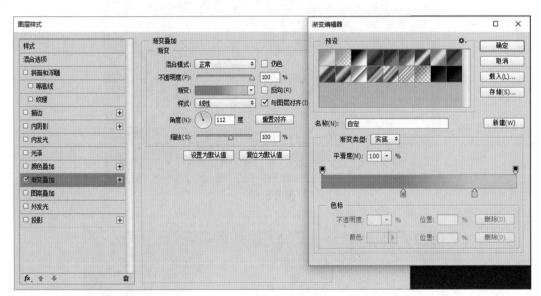

图 6.5.10

（11）如图 6.5.11 所示。

（12）用【钢笔工具】绘制不规则形状，填充颜色 #78d4ff，效果如图 6.5.12 所示。

（13）用【钢笔工具】绘制不规则形状，如图 6.5.13 所示。

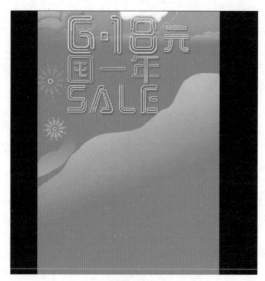

图 6.5.11

图 6.5.12

图 6.5.13

（14）选择该图层，双击图层打开【图层样式】面板，执行【渐变叠加】命令，混合模式：正常；角度 90 度；渐变色标从左到右依次为：#85d370、#3cc9fe，如图 6.5.14 所示。

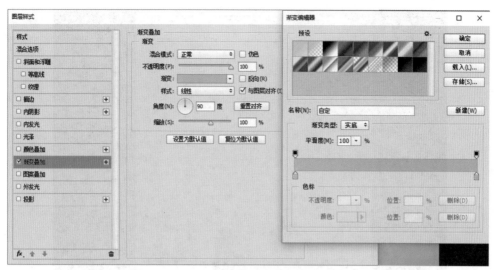

图 6.5.14

（15）在"首图"文件夹组新建子文件夹组"人物"，新建空白图层，用黑色柔边画笔阴影效果，将图层不透明度调整为 50%，效果如图 6.5.15 所示。

图 6.5.15

（16）置入素材"人物 1""人物 2""人物 3"和"人物 4"，效果如图 6.5.16 所示。

图 6.5.16

　　（17）新建一个文件夹组，命名为"优惠券"，在此文件夹组下创建子文件夹组"分类标题
1"，用【钢笔工具】❋绘制不规则形状，填充颜色 #ffffff，效果如图 6.5.17 所示。

图 6.5.17

　　（18）选择该形状图层，复制 2 次，并向下移动，效果如图 6.5.18 所示。

图 6.5.18

（19）复制这三个不规则形状图层，并放置在画面右侧，效果如图 6.5.19 所示。

图 6.5.19

（20）用【圆角矩形工具】 ▭ 创建填充颜色 #05fbee 的圆角矩形，如图 6.5.20 所示。

图 6.5.20

（21）为该图层添加【图层蒙版】，在蒙版中用【渐变工具】制造▢黑白渐变，隐去多余像素，效果如图 6.5.21 所示。

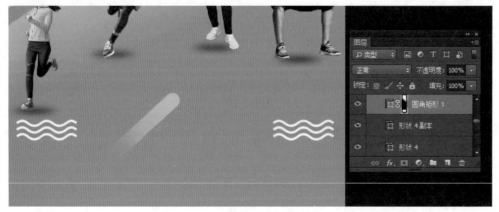

图 6.5.21

（22）用【圆角矩形工具】▢，创建填充颜色 #ffe725 的圆角矩形，为该图层添加【图层蒙版】，在蒙版中用【渐变工具】制造▢黑白渐变，隐去多余像素，效果如图 6.5.22 所示。

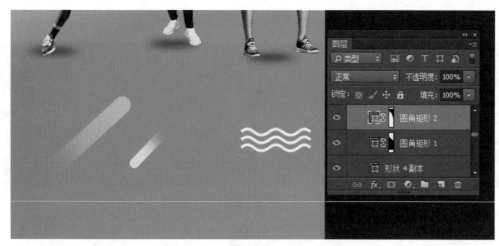

图 6.5.22

（23）用【圆角矩形工具】创建填充颜色 #7db6ef 的圆角矩形，为该图层添加【图层蒙版】，在蒙版中用【渐变工具】制造□黑白渐变，隐去多余像素，效果如图 6.5.23 所示。

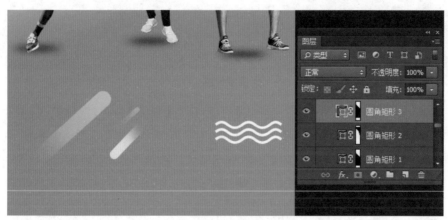

图 6.5.23

（24）用【椭圆工具】创建宽度 64 像素，高度 64 像素，填充颜色 #ffe725 的正圆，如图 6.5.24 所示。

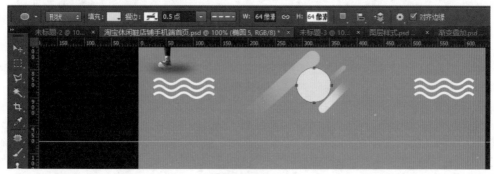

图 6.5.24

（25）置入素材"天猫"，如图 6.5.25 所示。

图 6.5.25

（26）新建文字图层键入文本内容，填充颜色 #f7f94e，如图 6.5.26 所示。

图 6.5.26

（27）选择该图层，双击打开【图层样式】面板，执行【投影】命令，混合模式：正片叠底；填充颜色 #00000；不透明度为 53％；角度：90；距离：4 像素；扩展：0％；大小：6 像素，如图 6.5.27 所示。

图 6.5.27

（28）效果如图 6.5.28 所示。

图 6.5.28

（29）新建文字图层，键入文本内容，填充颜色 #ffffff，如图 6.5.29 所示。

图 6.5.29

（30）用【圆角矩形工具】█ 创建填充颜色 #ff751c 的圆角矩形；新建文字图层，键入文本内容，填充颜色 #ffffff，如图 6.5.30 所示。

图 6.5.30

（31）在"优惠券"文件夹组下创建子文件夹组"优惠面额 1"，用【椭圆工具】● 创建宽度 118 像素，高度 118 像素，填充颜色 #00736d 的正圆，如图 6.5.31 所示。

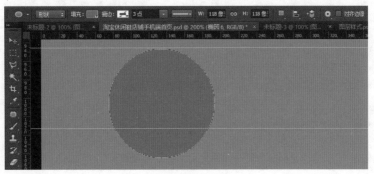

图 6.5.31

（32）用【矩形工具】■ 创建矩形，覆盖正圆图形下部，如图 6.5.32 所示。

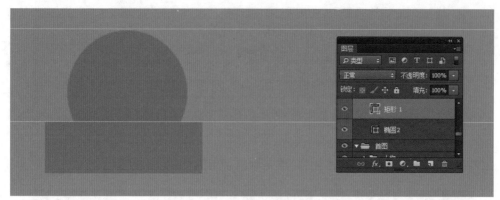

图 6.5.32

（33）按住 Shift 键同时选中矩形和正圆图层，按下快捷键 Ctrl+E 执行【合并图层】命令，用【直接选择工具】■ 选择矩形路径，在【路径操作】下拉菜单中选择就【减去顶层】，如图 6.5.33 所示。

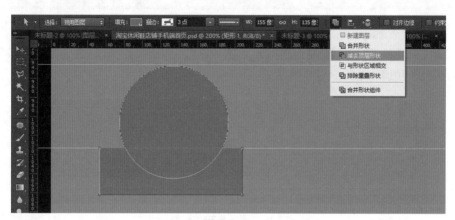

图 6.5.33

（34）效果如图 6.5.34 所示。

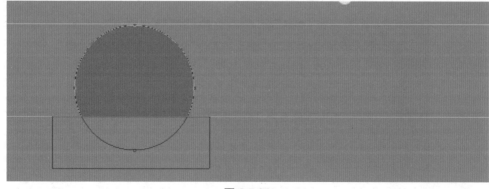

图 6.5.34

（35）复制该图形，等比缩小，填充颜色 #ffffff，如图 6.5.35 所示。

图 6.5.35

（36）用【椭圆工具】 创建填充颜色 #ffe725 的正圆，如图 6.5.36 所示。

图 6.5.36

（37）新建文字图层，键入文本内容，填充颜色 #ff0000，如图 6.5.37 所示。

图 6.5.37

（38）用形状工具和文字工具制作优惠券内容，填充颜色 #0089c8，如图 6.5.38 所示。

图 6.5.38

（39）用上述方法制作剩余"优惠面额"子文件夹，效果如图 6.5.39 所示。

图 6.5.39

（40）新建一个文件夹组，命名为"促销"，在"促销"文件夹组新建子文件夹组"布局"，在组内用【矩形工具】■创建宽度 180 像素，高度 236 像素，填充颜色 #ffe814 的矩形，效果如图 6.5.40 所示。

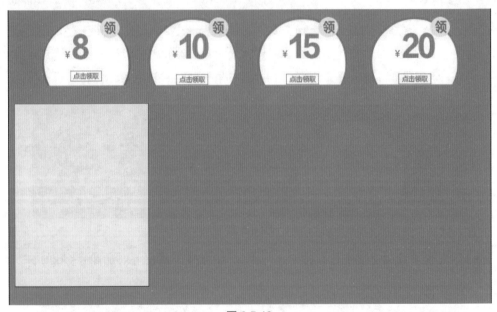

图 6.5.40

（41）用【矩形工具】■创建宽度 166 像素，高度 220 像素，填充颜色 #ffffff 的矩形，如图 6.5.41 所示。

图 6.5.41

（42）用【矩形工具】■创建宽度 298 像素，高度 102 像素，填充颜色 #2ebcd7 的矩形，如图 6.5.42 所示。

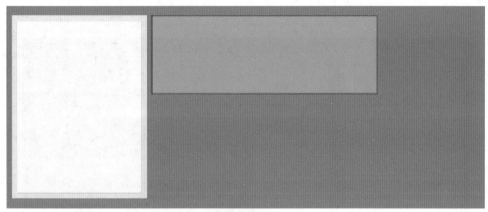

图 6.5.42

（43）用【矩形工具】■创建宽度 280 像素，高度 88 像素，填充颜色 #ffffff 的矩形，如图 6.5.43 所示。

图 6.5.43

（44）用【矩形工具】 ■ 创建宽度 120 像素，高度 128 像素，填充颜色 #2ebcd7 的矩形，如图 6.5.44 所示。

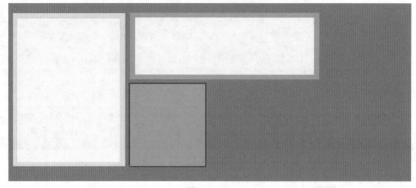

图 6.5.44

（45）用【矩形工具】 ■ 创建宽度 108 像素，高度 112 像素，填充颜色 #ffffff 的矩形，如图 6.5.45 所示。

图 6.5.45

（46）置入素材"速干衣"，选择图层点击鼠标右键执行【创建剪贴蒙版】，如图 6.5.46 所示。

图 6.5.46

（47）用【矩形工具】█创建宽度 170 像素，高度 128 像素，填充颜色 #2ebcd7 的矩形，如图 6.5.47 所示。

图 6.5.47

（48）用【矩形工具】█创建宽度 158 像素，高度 112 像素，填充颜色 #ffffff 的矩形，如图 6.5.48 所示。

图 6.5.48

（49）置入素材"鞋 1"，选择图层点击鼠标右键执行【创建剪贴蒙版】，如图 6.5.49 所示。

图 6.5.49

（50）用【矩形工具】▣创建宽度 132 像素，高度 236 像素，填充颜色 #bef34a 的矩形，如图 6.5.50 所示。

图 6.5.50

（51）用【矩形工具】▣创建宽度 120 像素，高度 220 像素，填充颜色 #ffffff 的矩形，如图 6.5.51 所示。

图 6.5.51

（52）在"促销"文件夹组新建子文件夹组"文案"，置入素材"天猫 2"，效果如图 6.5.52 所示。

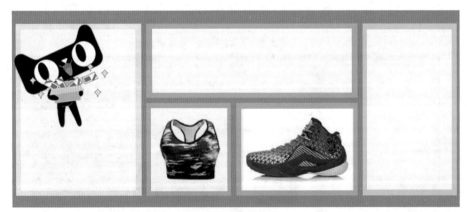

图 6.5.52

（53）新建文字图层，键入文本内容，填充颜色 #ffe725，如图 6.5.53 所示。

图 6.5.53

（54）双击该文字图层，打开【图层样式】面板，执行【投影】命令，混合模式：正片叠底；填充颜色 #000000；不透明度为 75%；角度：120；距离：0 像素；扩展：0%；大小：4 像素，如图 6.5.54 所示。

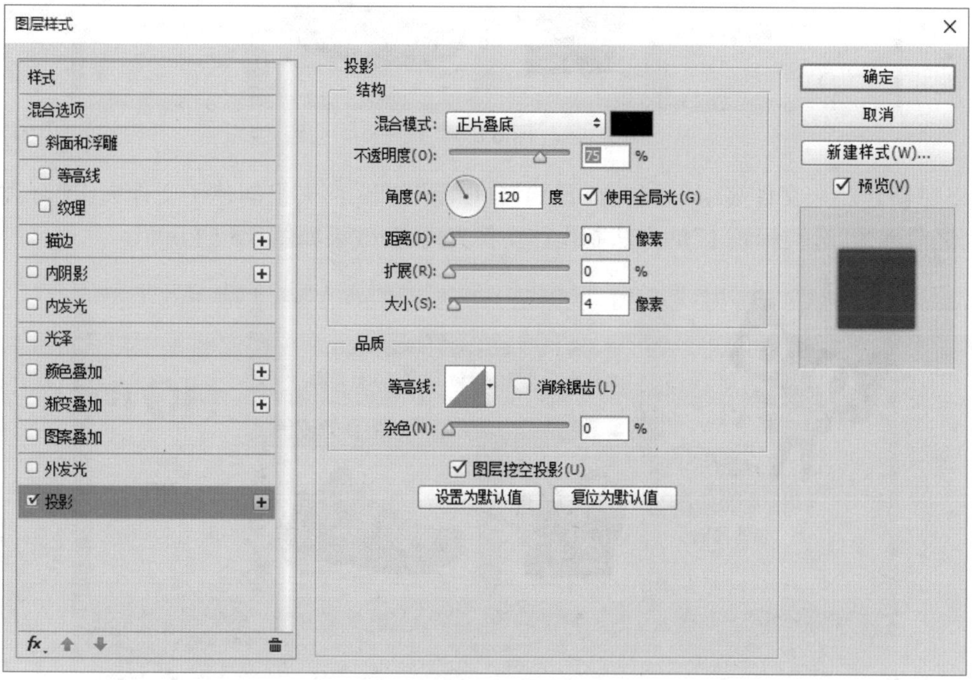

图 6.5.54

（55）新建文字图层，键入文本内容，填充颜色 #ff751c，如图 6.5.55 所示。

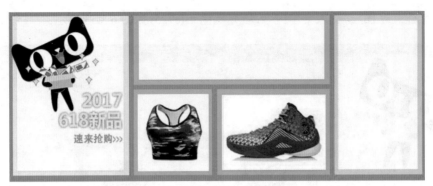

图 6.5.55

（56）新建文字图层，键入文本内容，填充颜色 #0088c8，如图 6.5.56 所示。

图 6.5.56

（57）新建一个文件夹组，命名为"预购"，在"预购"文件夹组创建子文件夹组"分类标题2"，用之前创建"分类标题1"的方法制作该文件夹内容，效果如图 6.5.57 所示。

图 6.5.57

（58）在"预购"文件夹组创建子文件夹组"预购款式 1"，用【矩形工具】■创建宽度 308 像素，高度 344 像素，填充颜色 #ffffff 的矩形，如图 6.5.58 所示。

图 6.5.58

（59）置入素材"预购背景"和"鞋 2"，如图 6.5.59 所示。

图 6.5.59

（60）用【矩形工具】■创建宽度 300 像素，高度 100 像素，填充颜色 #ffffff 的矩形，如图 6.5.60 所示。

图 6.5.60

（61）新建文字图层，键入文本内容，填充颜色 #010101，如图 6.5.61 所示。

图 6.5.61

（62）新建文字图层，键入文本内容，填充颜色 #ff0000，如图 6.5.62 所示。

图 6.5.62

（63）用【矩形工具】创建宽度 110 像素，高度 28 像素，填充颜色 #ff0000 的矩形；新建文字图层，键入文本内容，填充颜色 #fff000，如图 6.5.63 所示。

图 6.5.63

（64）用创建"预购款式 1"的方法制作剩余款式的版式，效果如图 6.5.64 所示。

图 6.5.64

（65）新建一个文件夹组，命名为"热卖"，在"热卖"文件夹组创建子文件夹组"分类标题3"，用之前创建"分类标题1"的方法制作该文件夹内容，效果如图 6.5.65 所示。

图 6.5.65

（66）在"热卖"文件夹组创建子文件夹组"热卖款式1"，用【矩形工具】创建宽度300像素，高度 344 像素，填充颜色 #ffd500 的矩形；置入素材"袜子1"，选择该图层点击鼠标右键执行【创建剪贴蒙版】命令，效果如图 6.5.66 所示。

图 6.5.66

（67）用【矩形工具】创建宽度 292 像素，高度 98 像素，填充颜色 #ffffff 的矩形；新建文字图层，键入文本内容，填充颜色 #010101，效果如图 6.5.67 所示。

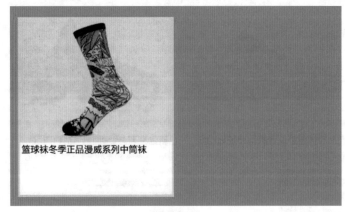

图 6.5.67

（68）新建文字图层，键入文本内容，填充颜色#ff0000，如图6.5.68所示。

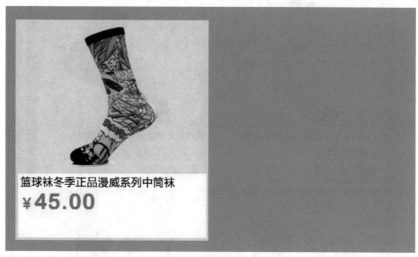

图6.5.68

（69）用【矩形工具】■创建宽度106像素，高度28像素，填充颜色#ff0000的矩形；新建文字图层，键入文本内容，填充颜色#fff000，如图6.5.69所示。

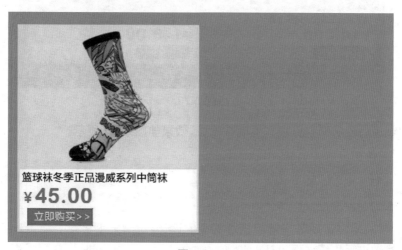

图6.5.69

（70）用上述制作"热卖款式1"的方法制作剩余热卖款式的版式，效果如图6.5.70所示。

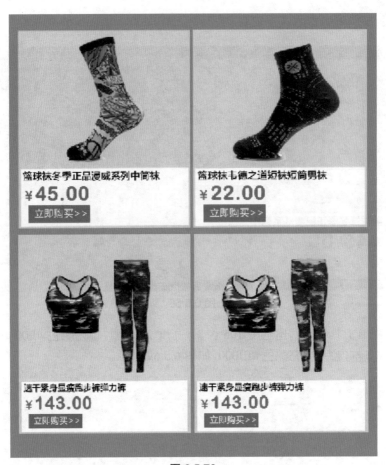

图 6.5.70

至此,淘宝运动鞋店铺手机端首页制作完成,效果如图 6.3.2 所示。

本任务通过对淘宝运动鞋店铺手机端首页的设计,对淘宝手机端界面设计的设计要素具有初步了解,对淘宝手机端界面设计的设计原则有了初步认识,同时也掌握了淘宝手机端界面和 PC 端界面的设计区别。

设计一款"双十一"主题的淘宝户外用品店铺手机端首页。要求布局合理,色彩搭配协调统一,界面视觉风格和各项要素符合促销主题。